Reihe Rechtswissenschaft
Band 177

Günther Holstein

Staatsrechtslehrer und Kirchenrechtler in der Weimarer Republik

Otto von Campenhausen

Centaurus Verlag & Media UG 1997

Die Deutsche Bibliothek – CIP-Einheitsaufnahme

Campenhausen, Otto von:
Günther Holstein : Staatsrechtslehrer und Kirchenrechtler /
Otto von Campenhausen. –
Pfaffenweiler : Centaurus Verl.-Ges., 1997
(Reihe Rechtswissenschaft ; 177)
ISBN 978-3-89085-976-7 ISBN 978-3-86226-413-1 (eBook)
DOI 10.1007/978-3-86226-413-1
NE: GT

ISSN 0177-2805

Satz: Vorlage des Autors

Vorwort

Das Manuskript dieser Schrift hat 1993 der Juristischen Fakultät der Albert-Ludwigs-Universität Freiburg als Dissertation vorgelegen. Mein besonderer Dank gilt Herrn Professor Dr. Alexander Hollerbach für die freundliche Betreuung der Arbeit. Vielerlei wertvolle Anregungen erhielt ich von Professor Dr. Axel Frhr. v. Campenhausen, Dr. habil. Winrich Löhr, Dr. Notger Slenczka, Dr. Heinrich de Wall und Dr. Levin v. Trott zu Solz.

Meine Eltern haben mich während der Fertigstellung der Arbeit großzügig unterstützt. Ihnen widme ich diese Arbeit.

Inhalt

Einleitung

Günther Holsteins Werk ist bislang nicht umfassend bearbeitet worden. Soweit sich die Wissenschaft mit Holstein auseinandergesetzt hat, erfolgte dies entweder allein aus staatsrechtlicher[1] oder allein aus kirchenrechtlicher Perspektive[2]. Hier

---

1 Aus staatsrechtlicher Perspektive ist Holsteins Werk bislang nur von Klaus Rennert in seiner Freiburger Dissertation mit dem Titel: Die "geisteswissenschaftliche Richtung" in der Staatsrechtslehre der Weimarer Republik. Untersuchungen zu Erich Kaufmann, Günther Holstein und Rudolf Smend, 1987, Schriften zum öffentlichen Recht, 343 S., ausführlicher behandelt worden. Rennert arbeitet Holsteins Stellung innerhalb des Weimarer "Methoden- und Richtungsstreits" heraus. Darauf kann hier verwiesen werden. Rennert stellt nach einem Überblick über die Weimarer Staatslehre Holsteins staatsrechtliche Arbeiten unter erkenntnistheoretischem, anthropologisch-soziologischem und rechtstheoretischem Aspekt denen von Kaufmann und Smend gegenüber. Nach Rennerts philosophiegeschichtlich ungewöhnlich tiefgehender Arbeit haben alle drei eine gemeinsame lebensphilosophische und phänomenologische Basis, die auf Dilthey, Litt, Spranger, Husserl, Scheler und Hartmann zurückgeht. Allerdings schränkt Rennert dies auf eine mittelbare Beeinflussung durch die genannten Philosophen ein, da bei Holstein von den genannten Philosophen allein die Kenntnis einiger Schriften Diltheys, insbesondere seines Schleiermacherbuchs, nachweisbar ist. (Rennert, S. 70) Holstein hat sich explizit weder mit der Lebensphilosophie noch mit der Phänomenologie auseinandergesetzt. Im Gegensatz zu Rennert sollen hier nicht die philosophischen Voraussetzungen und Gemeinsamkeiten Holsteins mit anderen Weimarer Staatsrechtlern untersucht werden, sondern es soll Holsteins Werk umfassend anhand seiner eigenen Fragestellungen dargestellt werden. Unter dieser Perspektive erscheint die abstrakte Darstellung des Dualismus als philosophischem Grundprinzip Holsteinschen Denkens bei Rennert (S. 123 ff., 197 ff.) überbewertet. Die Gemeinsamkeiten und Differenzen innerhalb der Weimarer Staatsrechtslehre erhalten teilweise andere Akzente. So ist das Problem der Einheit des Staates ein die Weimarer Staatslehre besonders bewegendes Thema. Holstein entwickelte hierfür seine Organismuslehre, Smend die Integrationstheorie, und C. Schmitt sieht die wesentliche Eigenschaft des Staates in der Reduzierung innerer Gegensätze (Hugo Preuss. Sein Staatsbegriff, S. 26, Anm. 1.) Überhaupt dürften die Gemeinsamkeiten Holsteins mit C. Schmitt größer sein, als Rennert annimmt (S. 65). Besonders die von Holstein unmittelbar für die Staatsrechtslehre fruchtbar gemachte idealistische Philosophie Hegels (etwa: Luther, S. 21 f., 30 ff., 38 ff.) weist besondere Verwandtschaft zum Denken von C. Schmitt auf (vgl. Über die drei Arten rechtswissenschaftlichen Denkens, S. 45-47, Hugo Preuss, S. 1; Das Zeitalter der Neutralisierungen, S. 80 ff.).

2 Aus kirchenrechtlicher Perspektive ist zunächst der Besprechungsaufsatz von Erich Foerster mit dem Titel: Sohm widerlegt? Zu Günther Holsteins "Grundlagen des evangelischen Kirchenrechts" zu nennen. Zeitschrift für Kirchengeschichte, 48 (1929) 307-343. Dieser Aufsatz ist eine vernichtende Kritik Holsteins durch einen Theologen, der sich als ausgesprochener Sohmschüler verstand. Insofern ist diese Arbeit eher eine Auseinandersetzung mit Sohm als mit G. Holstein. Nach 1945 und damit auch nach dem Kirchenkampf und der

soll dahingegen der Versuch unternommen werden, das ganze Werk Holsteins zu behandeln. Die Darstellung erfolgt in drei Teilen. Begonnen wird mit den staatsphilosophischen Arbeiten, sodann werden die staatsrechtlichen und methodischen Aufsätze dargestellt. Schließlich soll auf das Hauptwerk, das Kirchenrechtslehrbuch eingegangen werden.

Die drei Bereiche stehen nicht beziehungslos nebeneinander. Alle Schriften Holsteins sind gleichermaßen von seinem christlichen und seinem idealistischen Denken geprägt. Dies wird schon in der Wahl der von Holstein behandelten Themen deutlich[3]. Darüber hinaus befassen sich die meisten seiner staatsrechtlichen und staatsphilosophischen Arbeiten mit der Fragen einer christlich-idealistischen Staats- und Rechtsbegründung. Schließlich verbindet alle Arbeiten Holsteins die Ablehnung des staatsrechtlichen Positivismus der ausgehenden Kaiserzeit und damit verbunden die Suche nach vorrechtlichen Grundlagen des Rechts.

Der Darstellung des wissenschaftlichen Werkes ist der Versuch einer Biographie vorangestellt. Das ist bei einem Wissenschaftler wie Holstein problematisch, da seine Bedeutung im wesentlichen auf wissenschaftliche Schriften beschränkt ist und daher wenig darüber hinausgehende Quellen zur Verfügung stehen. Hier mußte im wesentlichen auf die allerdings sehr zahlreichen Nachrufe[4] zurückgegriffen werden. Dabei konnten auch einige Holsteins Persönlichkeit charakterisierende Tätigkeitsfelder außerhalb der reinen Wissenschaft ausgemacht werden, wie etwa seine politischen und kirchenpolitischen Aktivitäten.

Jede Darstellung ist zwangsläufig schon Interpretation. Um die Gefahren des hermeneutischen Zirkels dennoch gering zu halten, wird Holstein möglichst viel selber zu Wort kommen. Da ein juristisches Werk aber nicht wie ein Kunstwerk rein immanent verstanden und interpretiert werden kann, soll zu den von Holstein behandelten Themen auch der jeweilige zeit- und wissenschaftsgeschichtliche Rahmen herausgearbeitet werden.

Bekenntnissynode von Barmen ist Holsteins Kirchenrecht zunächst von Herbert Wehrhahn besprochen und kritisiert worden. Dazu vgl.: S. Grundmann, Der tertius usus legis als Grundlage einer Kirchenrechtstheorie? S. 431-433; J. Heckel, Besprechung von Herbert Werhahn, Kirchenrecht und Kirchengewalt, S. 717-720; Zu den Kritiken von Johannes Heckel, Erik Wolf und Siegfried Grundmann: unten 4. Kap. C. IV.

3 Vgl. etwa die Titel: Schleiermachers Staatsphilosophie; Luther und die deutsche Staatsidee; Elternrecht, Reichsverfassung und Schulverwaltungssystem; Die beamtenrechtlichen Normen der Reichsverfassung und die Stellung der Kirchenbeamten; Rechtsgrundlagen der Staatsleistungen an die evangelischen Landeskirchen Deutschlands; Die Grundlagen des evangelischen Kirchenrechts; Die Geschichte der Staatsphilosophie.

4 Vgl. Litverz.

Rudolf Smend schrieb einmal über Holstein: "Daß er eine bedeutende geistige Erscheinung war, wußten auch die, die ihm wissenschaftlich ferner standen. Allerdings hatte er nicht die scharfe wissenschaftliche Kontur Jemandes, dessen Leistung in bestimmten Thesen, Theorien, Nomenklaturen gipfelt und durch sie bezeichnet wird. So liegt der innere Zusammenhang in dem überreichen literarischen Ertrage des Jahrzehnts, das ihm zu wissenschaftlicher Produktion gegönnt war, nicht auf den ersten Blick zutage"[5]. Vielleicht kann diese Arbeit einen Beitrag leisten, den Ertrag von Holsteins Werk deutlicher werden zu lassen.

5 R. Smend, Nachruf, AöR 59 (1931) ff.

Erstes Kapitel

Leben Günther Holsteins

A. Biographie

Günther Holstein[6] wurde am 22. Mai 1892 als erster von zwei Söhnen[7] in Berlin

---

6 Leider existiert kein Nachlaß GH`s. Weder das Koblenzer Bundesarchiv, noch das Geheime Staatsarchiv Preußischer Kulturbesitz, noch das Landesarchiv Schleswig-Holstein enthalten Informationen über GH. GH`s Leben konnte daher nur über die zahlreichen Nachrufe, das Erinnerungsheft, das Büchlein "Günther Holstein" hrsg. von Heinrich Rendtorff u.a. und den Lexikonartikeln von E. Wolf (s. Literaturverzeichnis) rekonstruiert werden.

7 Auch der jüngere Bruder Horst (1894-1945) wurde Jurist. Er promovierte 1921 bei dem Breslauer Kirchenrechtler Helfritz über "Die Bedeutung der Religion im Schulrecht im Zusammenhang mit der Verhältnisordnung von Staat und Kirche". Später wurde er in Berlin Rechtsanwalt und Notar. Als solcher war er, wie sein älterer Bruder, vielfach für die Kirche tätig. Im Kirchenkampf beriet er die Bekennende Kirche und schrieb für sie mehrere Gutachten (Nachweise bei P. Haller, Der Rechtskampf der Bekennenden Kirche und ihre Juristen, S. 20 ff.). Er gewann Bedeutung als Verteidiger von Pfarrern und führenden Mitgliedern der Bekennenden Kirche. Wilhelm Niemöller nannte ihn wegen seiner Erfolge den "Sieger in tausend Schlachten" (P. Haller, Der Rechtskampf der Bekennenden Kirche und ihre Juristen, S. 21.). Als dem nationalsozialistischen Regime die Bekennende Kirche, oft vertreten von H. Holstein, in Streitigkeiten mit der Deutschen Evangelischen Kirche (DEK) zu häufig erfolgreich war, wurden 1935 solche Streitigkeiten der Justiz entzogen und einer "Beschlußstelle für Rechtsangelegenheiten der DEK" beim Innenministerium übertragen (Ges. v. 26.6.1935 "Gesetz über das Beschlußverfahren in Rechtsangelegenheiten der DEK"; dazu: E. Wolf, Ordnung der Kirche, S. 434 f.; H. Ehlers nennt die Einrichtung der Beschlußstelle eine "Kampfmaßnahme im wesentlichen gegen Horst Holstein". (Lebensbilder aus der Bekennenden Kirche S. 45-53 (50), hrsg. von W. Niemöller, Bielefeld 1949). Dies kam faktisch einer Versagung jeglichen Rechtsschutzes gleich und schränkte auch Horst Holsteins Möglichkeiten, die Bekennenden Kirche gegen das Regime zu unterstützen, empfindlich ein. 1936 wurde er in die neu errichtete 'Verfassungskammer' der Bekennenden Kirche berufen. (Wolf, Ernst, Art. G. Holstein, in: Neue Deutsche Biographie) Die Verfassungskammer sollte einen Vorschlag zu einer kirchlichen Neuordnung ausarbeiten, zu deren Realisierung es jedoch nicht mehr kommen sollte (dazu: Erik Wolf, Ordnung der Kirche S. 445.). Auf dieser Tätigkeit baut wohl H. Holsteins Schrift "Zur Neuordnung der evangelischen Kirche" aus dem Jahre 1937 auf. 1938 verteidigte Holstein Pastor Martin Niemöller. Als das Landgericht Berlin daraufhin auf eine geringe Strafe erkannte, kam Niemöller ohne Gerichtsverfahren auf direkten Befehl

geboren. In seinem elterlichen Hause erhielt er eine umfassende religiöse und literarische Bildung[8]. Sein Vater Arthur Holstein[9] besaß in Berlin eine Apotheke. Später wurde er geschäftsführender Vorstand der Deutschen Pharmazeutischen Akademie, der wissenschaftlichen Standesvertretung der deutschen Apotheker. Gleichzeitig war er Berliner Stadtrat. Die Mutter Alma-Luise, geb. Aye[10], entstammt einer alten, bis ins Jahr 1400 zurückverfolgbaren Dithmarscher Familie. Vielleicht wurde Holsteins späterer Entschluß, Rechtswissenschaft zu studieren, durch seinen Großvater mütterlicherseits, den Oberamtsrichter Daniel Johs. Aye, bestärkt.

Günther Holstein wuchs in Berlin auf und besuchte dort das Humboldt-Gymnasium. Sein juristisches Studium begann er noch vor dem 1. Weltkrieg in München. Er wurde 1910 begeisterter Bursch des heute nicht mehr existierenden Corps Ratisbonia. Es folgte ein Wechsel nach Berlin. Hier lehrten Franz von Liszt, Gerhard Anschütz, Heinrich Triepel und der Kirchenrechtler Wilhelm Kahl. Bei dem Rechtsphilosophen und Urheberrechtler Joseph Kohler schrieb Holstein drei Seminararbeiten, die, zum Teil noch während des Krieges, veröffentlicht wurden[11]. Den stärksten Einfluß aber übten Otto von Gierke und sein späterer Doktorvater Erich Kaufmann auf Holstein aus. Auch die Berliner Theologen, unter ihnen besonders Adolf v. Harnack, Reinhold Seeberg, Adolf Deißmann und Karl Holl, haben Holstein nachhaltig beeinflußt. Vielleicht hörte er auch das eine oder andere Kolleg bei Ernst Cassirer oder dem Altphilologen von Wilamowitz-Moellendorf.

1914 bestand er das Referendarexamen. Im Oktober des gleichen Jahres wurde er Berliner Gerichtsreferendar. Gleich darauf zog er als Fußartillerist zum Frontdienst. Er erhielt das Eiserne Kreuz 1. und 2. Klasse. 1915 wurde er durch Granatsplitter schwer verwundet. Der erste Weltkrieg wurde für Holstein, wie für so

---

Hitlers in das Konzentrationslager Sachsenhausen. Nach dem 2. Weltkrieg, an dem Horst Holstein als Offizier teilnahm, beteiligte er sich sofort am kirchlichen Wiederaufbau. Er wurde noch Mitglied der ersten Provinzialsynode der Bekennenden Kirche von Berlin-Brandenburg und Beigeordneter des Oberkirchenrates, bevor er am 22. November 1945 starb.

8 R. Smend, Günther Holstein 22.5.1892 - 11.1.1931, Preuß. Kirchenzeitung, 27. Jahrg. (1931) Sp. 34.

9 1861-1947, Sohn des Bahnhofsinspektors Carl Ferdinand Theodor in Freienwalde und der Hanne Antoine Bernardine Koch.

10 1858-1913, Tochter des Oberamtsrichters Daniel Johs. Aye und der Charl. Emilie Tiedemann.

11 Verfestung und Friedloslegung, Goltdammers Archiv f. Strafrecht und Strafprozeßrecht, Bd. 61 (1914), S. 57-79; Motiv und Melodie. Ein Beitrag zu den begrifflichen Grundlagen des musikalischen Urheberrechts, in: Gewerblicher Rechtsschutz und Urheberrecht, Bd. 29 (1915); Die Staatsphilosophie Richard Wagners, Archiv für Rechts- und Wirtschaftsphilosophie, Bd. 9 (1915/16), S. 398-411.

viele seiner Generation, zu einem prägenden Erlebnis. Noch während des Krieges veröffentlichte Holstein zwei kleinere Aufsätze mit den Titeln 'Die Staatsphilosophie Richard Wagners' und 'Luther und der deutsche Staat'. Schon die Themen der ersten selbständigen Veröffentlichungen kreisen um das Problem, das Holstein bis an sein Lebensende verfolgte, den Versuch eines christlichen deutschen Kulturstaates.

Nach dem Krieg fand er eine Anstellung beim Magistrat von Berlin-Wilmersdorf. Diese Arbeit ließ ihm genügend Zeit, um bei Erich Kaufmann eine Dissertation zu schreiben, die er 1920 mit dem Titel: "Die Lehre von der öffentlich-rechtlichen Eigentumsbeschränkung" abschloß[12]. Im selben Jahr heiratete Holstein die Generalstochter Hilde Bokmayer. 1922 wurde er, auch bei Erich Kaufmann, der mittlerweile einem Ruf nach Bonn gefolgt war, mit einer Arbeit über Schleiermachers Staatsphilosophie habilitiert. Dort dürfte Holstein Rudolf Smend, Karl Bergbohm und Ulrich Stutz kennengelernt haben.

Ab dem Sommersemester 1922 vertrat Holstein ein Ordinariat in Greifswald[13]. Der "Zauber seiner Persönlichkeit"[14], die lebendige Art seines Vortrags und seine "merkwürdige Anziehungskraft" ließen ihn hier bald zu einem gefragten Redner werden[15]. "Ob er in großen ideengeschichtlichen Linien dachte oder ganz persönlich zum einzelnen in der stillen Studierstube sprach - stets war er dabei im Innersten von den letzten Fragen des Menschenschicksals, von Ewigkeitszielen ergriffen"[16]. Als Holsteins Berufung zum Professor auf sich warten ließ, schickten die Greifswalder Studenten eine Deputation mit einer Bittschrift nach Berlin. Diese Bittschrift war unterzeichnet von allen politischen Gruppen der Studentenschaft einschließlich

---

12 Holsteins Dissertation ist eine einzige Kritik an dem von Otto Mayer, dem Nestor der deutschen Verwaltungsrechtswissenschaft, geschaffenen Institut der öffentlich-rechtlichen Eigentumsbeschränkung. Vgl. die Erwiderung des erzürnten Meisters, AöR 42 (1922) S. 381-384.

13 Im Greifswalder Vorlesungsverzeichnis als Privatdozent erstmals zum WS 1923/24 aufgeführt; erste Vorlesung im SS 1924.

14 G. Leibholz, Nachruf, in: Erinnerungsheft S. 17.

15 W. Kähler, Nachruf, in: Erinnerungsheft, S. 5. R. Smend schrieb in einem seiner Nachrufe auf Holstein: "Einzigartig war stets schon der Eindruck des Lebenden, mochte er im weiteren Kreise ausgehen von seiner eigentümlich zwingenden Beredsamkeit oder in engerem von der ebenso zwingenden Kraft und Ursprünglichkeit des Gedankens und Ausdrucks im Gespräch. Er hatte nicht nötig, irgendwelche Ansprüche zu machen - von selbst rückte er in jedem Kreise alsbald in den Mittelpunkt, wurde er an den Universitäten, an denen er wirkte, ohne alles Bemühen ein, wenn nicht der Hauptträger ihres geistig-sittlichen Gesamtlebens" (PrKiZ 27 (1931) 33.

16 K. Deißner, Nachruf, in: Erinnerungsheft, S. 9.

der Sozialisten[17]. 1924 wurde Holstein in Greifswald mit 31 Jahren zum Professor ernannt.

Wissenschaftliche Anregung[18] fand Holstein besonders bei dem Theologieprofessor Frhr. v. d. Goltz, dem er freundschaftlich verbunden war und mit dem er viele gemeinsame kirchenrechtliche Seminare hielt. Ferner war ihm der Rechtshistoriker und Rechtsphilosoph Walther Schönfeld ein anregender Gesprächspartner[19]. Ob Holstein Carl Schmitt noch in Greifswald erlebte, ist fraglich, da Schmitt schon 1922 einem Ruf nach Bonn folgte. 1928, nach Erscheinen seines Kirchenrechtslehrbuches, erhielt Holstein einen Ehrendoktor der Greifswalder Theologischen Fakultät.

1929 folgte er einem Ruf nach Kiel, als Nachfolger Walter Jellineks, der nach Heidelberg berufen worden war. Einen gleichzeitig erhaltenen Ruf nach Tübingen lehnte er ab. Dabei dürfte der Wunsch eine Rolle gespielt haben, in der norddeutschen Heimat zu verbleiben. Etwa zur gleichen Zeit erhielt auch Hermann Kantorowicz einen Ruf nach Kiel. Holstein verblieben nur noch zweieinhalb Semester. Als er am Abend des 10. Januar, gerade zum Dekan gewählt, die Kollegen in seinem gastlichen Hause versammelt hatte, ergriff ihn ein jähes Unwohlsein. Nach einem auf die Fakultät ausgebrachten Trinkspruch mußte er die Tafel verlassen und starb wenige Stunden später, am 11. Januar 1931 um 1 Uhr morgens, als Achtunddreißigjähriger.

Holsteins wissenschaftliche Schaffenskraft war beeindruckend. Sein ganzes, etwa 2500 Seiten, 67 Titel, darunter 10 selbständige Bücher und Schriften fassendes Werk hatte er in etwas mehr als einem Jahrzehnt geschaffen. Dies ist um so erstaunlicher, wenn man bedenkt, daß Holstein neben seiner wissenschaftlichen Tätigkeit unermüdlich als Redner, Prediger, Lehrer, Synodaler und Inhaber vieler anderer Ämter tätig war. Über 25 Nachrufe[20] bezeugen seine starke Ausstrahlung, als Christ, Lehrer und Wissenschaftler. Dieser kurze Überblick über Holsteins Leben soll nun noch durch einzelne Schlaglichter, die seine Persönlichkeit charakterisieren, ergänzt werden.

---

17 G. Kittel, Nachruf, S. 30, in: Günther Holstein, hrsg. von H. Rentdorff u.a.

18 Sportliche Anregung fand Holstein als begeisterter Reiter bei den Jagden des Greifswalder Offizierskorps (G. Kittel, Nachruf, S. 31, in: Günther Holstein, hrsg. von H. Rentdorff u.a.).

19 Vgl. W. Schönfeld, Günther Holsteins Rechtslehre, in: Günther Holstein, S. 34, Hrsg. Heinrich Rendtorff u.a.

20 Siehe Literaturverzeichnis.

B. Holsteins Versuche als Kunstkritiker und Dichter

In der Zeit seiner Promotion und Habilitation versuchte Holstein sich als Kritiker zeitgenössischer Kunst. Er schrieb kleine Aufsätze über die heute kaum noch bekannten Maler Franz Stassen, Hans Meyer und Hermann Hendrich, ferner über den Kunsthistoriker Henry Thode und den Komponisten Siegfried Wagner[21]. Diese Aufsätze durchzieht wie ein roter Faden die Krisis der deutschen Kunst. Diese Krisis, so Holstein, könne nur überwunden werden, wenn es gelänge, der Kunst ein neues geistiges Fundament zurückzuerobern. Dieses Fundament müsse eine Verbindung von deutschem Volksgut und christlicher Religion sein.

Holstein versuchte sich auch selber in der Dichtkunst. 1922 veröffentlichte er einen knapp einhundert Seiten umfassenden Gedichtband mit dem Titel: "Lichtwärts. Dichtungen[22]". Die Gedichte sind in den Jahren 1909 bis 1919 entstanden[23]. Seiner besonderen Vorliebe für Richard Wagner folgend, hat Holstein die Gedichte in sieben "Ringen" zusammengefaßt. Die Titel der einzelnen Ringe machen Stil und Thematik der Gedichte deutlich. Sie lauten: Vorklang, Ein Sommer, Buch der Sehnsucht, Zwischen den Schlachten, Und Heimatglocken klingen, Mater Consolatrix und Am Maienbrunnen. Das Büchlein ist illustriert mit Drucken von Franz Stassen im Nazarenerstil. Wohl aufgrund dieses Bändchens ist Holstein in den Deutschen Literaturkalender des Jahres 1923 aufgenommen worden. Ein Gedicht, welches beispielhaft für seinen Stil und die immer wiederkehrende religiöse Thematik ist, sei hier abgedruckt[24]:

Der Gottsucher

Ich schritt durch einen dämmerdunklen Raum
Den steilen Pfad zu Gottes Burg hinan.
Da lauerten am Wege Tod und Traum
Und glühten mich mit heißen Augen an.

---

21 Siehe Literaturverzeichnis.

22 Einige seiner Gedichte sind in dem Band 'Günther Holstein' Hrsg. von H. Rendtorff u.a. abgedruckt. Das Gedicht "Am Naoczsee" hat Siegfried Wagner vertont (G. Kittel, Nachruf, S. 32, in: Günther Holstein, hrsg. von H. Rentdorff u.a.).

23 Lichtwärts, S. 94.

24 Lichtwärts, S. 6.

Und gierig wollten beide mich umfangen
Und streckten jäh die Arme nach mir aus.
Da schrie ich laut zu Gott - die Riegel sprangen.
Durch Traum und Tod bin ich hindurchgegangen
Und fand des heilgen Lebens helles Haus.

C. Mitarbeit am Archiv des öffentlichen Rechts

Das 'Archiv des öffentlichen Rechts' wurde 1886 von Paul Laband und Felix Stoerk als erstes selbständiges Organ für die gesamte Staatsrechtswissenschaft gegründet. Es wurde schnell zu der angesehensten Fachzeitschrift, in der sich die Entwicklungslinien der Staatsrechtswissenschaft widergespiegelt[25]. Anfänglich stand es dem positivistischen Geist des Kaiserreichs nahe[26]. Auch nach 1918 setzte es der herrschenden Meinung folgend diese Richtung zunächst fort.

Eine Änderung erfolgte, als Holstein 1927 in den Herausgeberkreis eintrat[27] und gleichzeitig Rudolf Smend ständiger Mitarbeiter wurde. Holstein beschrieb seine neue Aufgabe als Herausgeber des AöR folgendermaßen: "Die staatliche Umwälzung 1918 und die Krisis der Rechtswissenschaft in der Gegenwart stellte es naturgemäß vor neue Aufgaben. Der Wille zu einer geisteswissenschaftlichen Auffassung der Jurisprudenz und die Erkenntnis, daß alle Beobachtung der staatsrechtlichen Form nur in stetem Zusammenhang mit der realen Welt des von ihr umschlossenen politischen Lebens wahrhaft fruchtbar zu werden vermag, sind dabei für seine Arbeit maßgebend geworden." Gleichzeitig wollte Holstein aber auch die Tradition des AöR wahren: "Über allem aber steht nach wie vor der Wille der einstigen Gründer, daß jeder Beitrag unter Vermeidung jeder parteipolitischen Haltung aus dem Willen zu voller wissenschaftlicher Objektivität in Darstellung und Prüfung seines Gegenstandes zu gestalten sei[28]." Holstein gelang es, das AöR zu einem Organ zu machen, in dem die Vertreter der geisteswissenschaftlichen Richtung zu Wort kommen sollten[29].

---

25 P. Badura, K. Hesse, P. Lerche, Zum 100. Band des Archiv des öffentlichen Rechts, AöR 100 (1975) 1.

26 1899 wurde Otto Mayer und 1908 Georg Jellinek Mitherausgeber.

27 Holstein übte die Tätigkeit als geschäftsführendes Mitglied des Herausgeberkreises (zusammen mit Otto Koellreutter und Heinrich Triepel) bis zu seinem Tod 1931 aus.

28 Handschriftliche Notiz Holsteins aus dem Jahre 1929, Archiv des Mohr Verlags, Tübingen; ferner 'Aufgaben und Ziele' S. 25 f.

29 R. Smend, Nachruf, AöR 59 (1931) 5.

D. Holsteins christliche Aktivitäten

Vielleicht der charakteristischste Zug in Holsteins Persönlichkeit war sein betont evangelisches Christentum. In einer Rede über "Die Gegenwartsaufgaben der Kirche" sagte Holstein: "Wer von jungen Menschen sich heute bewußt als evangelischer Christ bekennen will, muß - daran kann kein Zweifel sein - seine persönliche Stellung Schritt für Schritt, hart an hart, einer erst in träger Selbstgenügsamkeit, dann mit immer erbitterterer Leidenschaft widerstrebenden Umwelt abkämpfen." Er darf sich nicht scheuen "Panier aufzuwerfen, oder, anders gesprochen, Bekenntnis abzulegen - das Wort Bekenntnis ... im ... Ursinn der alten Christenheit, des 'Ich glaube, darum rede ich!' genommen[30]." Unermüdlich war Holstein als "Laienchrist" tätig.

Holstein war jugendbewegt[31]. Er wollte der Kirche den "inneren Anschluß an die lebendige Jugendbewegung"[32] verschaffen, deren Bedeutung er, trotz mancher "Oberflächlichkeit" und "Phrasenhaftigkeit" als zukunftsweisende Verbindung von Pietismus und Idealismus, von evangelischer Erweckung bei gleichzeitigem Höhenflug deutschen Geistes beschrieb[33]. In Greifswald und später auch in Kiel sammelte er einen großen Kreis von Studenten aller Fakultäten um sich, mit dem er regelmäßig in seinem Hause und auf Freizeiten Andachten hielt und diskutierte.

Er bemühte sich mit großer Energie um die Erneuerung des volkskirchlichen Lebens. Mit zahlreichen Veröffentlichungen in Zeitungen und nichtwissenschaftlichen Zeitschriften[34] versuchte er eine breitere Öffentlichkeit für kirchliche Fragen zu gewinnen. Sein Artikel in der 'Täglichen Rundschau' kurz vor der Agendenreform zu dem Thema "Laiengedanken zur evangelischen Liturgik" mag als Beispiel dienen. Holstein schrieb dort: Evangelische Liturgie "ist nichts anderes als ein Geben und Empfangen des göttlichen Worts, das hier in seiner gewaltigen Urgestalt, jenseits aller verdeutlichenwollenden Menschenreden zum Menschen spricht und die Herzen aufrecht zum Gebet erhebt. ... Darum muß bei aller Vielfältigkeit liturgischer Möglichkeiten im einzelnen darauf hingewiesen werden, daß es gerade

---

30 G. Holstein, Gegenwartsaufgaben der Kirche (=Gegenwartsaufgaben der Volkskirchlichen Evangelischen Vereinigung, Preuß. Kirchenzeitung, 20. Jahrg. (1924) Sp. 161).

31 Nachruf des Studenten W. Keßler, in: Erinnerungsbuch, S. 36.

32 Die Gegenwartsaufgaben der Volkskirchlichen Vereinigung, PrKiZ 20 (1924) 163 f.

33 Die Gegenwartsaufgaben der Volkskirchlichen Vereinigung, PrKiZ 20 (1924) 163 f.

34 U.a.: Zum Zusammentritt der Preußischen Generalsynode, in: Deutsche Allgemeine Zeitung 4.12.1925; Zur evangelisch-kirchlichen Zeitlage, in: ebda 13.1.1926; Die "politische" Kirche, in: ebda 7.10.1928; Zum Abschluß der Preußischen Generalsynode, in: Der Tag 15.5.1927; Eine Evangelische Religionsstunde, in: Die Tägliche Rundschau, 17.7.1927.

die stabilen Elemente einer Liturgie sind, die, stets gleichbleibend, in jedem Gottesdienst den Andächtigen auf die volle Höhe und Weite christlichen Glaubens führen, auch wenn Predigt und Gemeindegesang einmal versagen. Darum ist es an der Zeit, daß wir möglichst bald aus der Epoche privater Experimente, so verdienstlich sie an sich trotz mancher Fehler und Geschmacklosigkeiten im einzelnen gewesen sind, hinauskommen und die Kirche entschlossen die Führung ergreift, um, bei aller Fülle des gliedhaften Wechsels im einzelnen, überall die großen tragenden Linien des Allgemeinchristlichen und Evangelischen zu ziehen[35]." Wie überall bei der Lösung theologisch-kirchlicher Fragen steuert Holstein direkt auf das Zentrum des christlichen Glaubens, das Wort Gottes, zu und versucht, von dort aus Lösungen anzubieten. Dabei ist er immer bestrebt, in Fragen des Glaubens nicht gegen andere zu entscheiden, sondern einen Weg des Ausgleichs und der Vermittlung zu suchen.

Zusammen mit anderen Professoren gründete Holstein 1930 eine "Greifswalder gelehrte Gesellschaft für Lutherforschung und neuzeitliche Geistesgeschichte". Wie die schon 1919 gegründete und in der Folge rasch sehr groß gewordene Luther-Gesellschaft und die 1932 gegründete Luther-Akademie stand sie im Geist der Lutherrenaissance. Ihr Zweck war es, fakultätsübergreifend die Lutherforschung und die an die Reformation anknüpfende Geistesgeschichte zu fördern[36].

Außerdem beteiligte er sich an der Leitung einer religiösen Vortragsreihe über Weltanschauungsfragen, die jedes Wintersemester in Greifswald stattfand[37].

Auf Holsteins kirchenpolitische Aktivitäten ist ein besonderer Blick zu werfen[38]. Die "goldenen" zwanziger Jahre sind die Zeit der relativen politischen wie auch kirchlichen Stabilisierung. Am 29. September 1922 hatte sich die Kirche der Altpreußischen Union eine neue Verfassung gegeben. 1925 traten die ersten Synoden nach dieser neuen Verfassung zusammen. Holstein wurde in die Pommersche Provinzialsynode und von dieser in die Preußische Generalsynode gewählt. Nach seiner Berufung nach Kiel wurde Holstein von dort in die schleswig-holsteinische Landessynode gewählt. Er war bestrebt, die Jugend unter zielbewußter Führung vermehrt für die Kirche zu gewinnen. Er setzte sich für eine innerliche Stärkung

---

35 2.8.1925.

36 v. d. Goltz, Günther Holsteins Mitarbeit im kirchlichen Leben, Erinnerungsheft, S. 27; Ernst Wolf, Art. Lutherforschung, in: EKL Bd. 2, Sp. 1178, 2. Aufl. Göttingen 1956 ff.

37 v. d. Goltz, Günther Holsteins Mitarbeit im kirchlichen Leben, Erinnerungsheft, S. 27.

38 Vgl. v. d. Goltz, Günther Holsteins Mitarbeit im kirchlichen Leben, Erinnerungsheft S. 26; ders., Günther Holstein +. Seine Mitarbeit in unseren kirchlichen Synoden, Preuß. Kirchenzeitung 27. Jahrg. 1931 Sp. 38-41; Eger, Günther Holstein und das neue Programm der Evang. Volkskirchl. Vereinigung, ebda Sp. 81-83.

des Gemeindelebens ein, wollte Laienarbeit in führenden kirchlichen Positionen fördern und das Einleben in die neue Verfassung erleichtern. Ein besonderes Anliegen war ihm die Einführung des Bischofstitels zur Stärkung des "geistigen Führergedankens". Jedoch hatte er damit keinen Erfolg. Holstein widmete auch den internationalen kirchlichen Bewegungen große Aufmerksamkeit[39] und sah in den Weltkonferenzen von Stockholm (1925) und Lausanne (1927) die Anfänge eines evangelischen Weltkirchenrechts und einer Annäherung der innerkirchlichen Rechtsentwicklung.

Holstein war Mitglied der Volkskirchlichen Evangelischen Vereinigung (VEV)[40]. Dort wurde er in den Landesvorstand und 1928 in den Hauptvorstand gewählt[41]. Die Volkskirchliche Evangelische Vereinigung war eine der vier großen über ganz Deutschland verbreiteten evangelischen "Kirchenparteien" in der Weimarer Republik. Drei von ihnen, die Konfessionellen, die Positive Union und die VEV waren in den meisten Synoden die stärksten Fraktionen. Die Liberalen dagegen blieben in den evangelischen Kirchen der Weimarer Republik weitgehend ohne Einfluß. Die VEV hatte sich 1874, damals noch als Evangelische Vereinigung, von der Union getrennt, um einer freieren Auffassung der Bekenntnisse und der kritischen Theologie Raum zu verschaffen[42]. Politisch stand die VEV in der Weimarer Zeit der DNVP nahe. Viele Professoren, Kirchenbeamte, Superintendenten prägten ihr Bild, so daß man sie als eine Intellektuellenpartei bezeichnen kann. Ihr Presseorgan war die 1905 von Pfarrer Dr. Martin Schian gegründete Preußische Kirchenzeitung. Es war eines der wenigen einst so zahlreichen religiösen Blätter, welche das Inflationsjahr 1923 überstanden.

Daneben war Holstein auch im Evangelischen Bund tätig. Der Evangelische Bund wurde im Zuge des Kulturkampfes 1886 als freier Verband innerhalb der evangelischen Kirchen gegründet. In der Weimarer Zeit versuchte der Evangelische Bund unter Ablehnung des Kulturprotestantismus, die Volkskirchliche Bewegung

---

39 Vgl. seinen Aufsatz: Erzbischof Söderblom und die Stockholmer Konferenz, 1925; und die entsprechenden Kapitel in seinen Grundlagen, S. 394 ff., 404 ff.

40 E. v. d. Goltz: Zur Enstehungsgeschichte der Evangelischen Vereinigung, in: Christentum und Leben. Aus der Geschichte der christlichen Kirche, Bd. I, Halle 1926.

41 Vgl. Holsteins Programmrede: 'Die Gegenwartsaufgaben der Volkskirchlichen Evangelischen Vereinigung', in PKZ, 20. Jhg. 1924; Sp. 161-171; ders.: Die Pommersche 'Provinzialsynode', PKZ 21. Jhg. 1925, Sp. 222-225; Die PKZ war ein Halbmonatsblatt für die Mitglieder der Evangelischen Volkskirchlichen Vereinigung.

42 J. Beckmann, RGG 3. Aufl., Art.: Kirchliche Parteien in Deutschland; W. Philipp, RGG 3. Aufl. Bd. 2, Sp. 788, Art.: Evangelische Vereinigung.

zu unterstützen[43]. 1928 hatte der evangelische Bund den sogenannten Weimarer Ausschuß "zur Beobachtung der Probleme und Methoden der Evangelischen Bundesarbeit" eingesetzt. [44] Holstein wurde auf der ersten Sitzung am 1. Oktober 1928 zum Vorsitzenden gewählt. Dieser Ausschuß sollte Vorschläge zu einer kirchlichen Erneuerung ausarbeiten[45].

E. Holsteins politisches Denken

Politisch war Holstein konservativ und der DNVP nahestehend. Kennzeichnend für seinen Konservatismus ist die Stellung, die das Individuum in seinem Denken erhält. In einem Lexikonartikel über 'Konservative Parteien und Kirche' schreibt er: "Während der rationalistisch bestimmte politische Liberalismus des Abendlandes grundsätzlich vom Individuum in seiner Isolierung ausgeht, sucht es der Konservatismus gerade in seinen Verbundenheiten und damit in seinen Bindungen geschichtlicher, volkshafter und sittlicher Art zu erfassen[46]." Dieser Antiindividualismus verbunden mit einem gegen die Vernunftkritik der Aufklärung gerichteten Antirationalismus und der Betonung von Tradition, Volkstum und einer "höheren Sittlichkeit" zeigen Holsteins Nähe zur DNVP.

In dieses Bild gehört auch, daß Holstein an der Dolchstoßlegende festhielt und den Versailler Vertrag als die Demütigung der Deutschen schlechthin bekämpfte[47]. 1927, also neun Jahre nach Ende des ersten Weltkrieges, hielt Holstein anläßlich des 80. Geburtstages des Reichspräsidenten v. Hindenburg in der Greifswalder Stadthalle eine Festrede. Er beschrieb Hindenburg als "den Soldaten, den Christ und den Deutschen", dem es im Jahre 1918 noch einmal gelungen sei, deutsche Truppen weit nach Frankreich hinein zu werfen. "Aber bei den Bundesgenossen

---

43 K. Nitzschke, RGG 3. Aufl. Bd. 2, Sp. 789, Art. Evangelischer Bund; ausführlich: Gottfried Maron Hrsg. Evangelischer Bund. Evangelische und ökumenische Beiträge zum 100-jährigen Bestehen, Göttingen 1986; auch das Kapitel den Evangelischen Bund in Holsteins Grundlagen, S. 378 ff.

44 J. Lell, Verworrene Zeit, S. 75; J.-C. Kaiser, Die Politik 1918-1933, S. 184; beides in: Ev. Bund, hrsg. von G. Maron.

45 Nach seinem Tod übernahm der Theologieprofessor Heinrich Bornkamm den Vorsitz. Vgl.: K. Nowak, Evangelische Kirche und Weimarer Republik S. 219.

46 RGG 2. Aufl. 1929. Der Verlag versuchte Holstein für sämtliche kirchenrechtliche Artikel zu gewinnen. Da Holstein aber gerade an seiner 'Geschichte der Staatsphilosophie' arbeitete, lehnte er ab.

47 Reichsverfassung, S. 21.

und in der Heimat beginnt die Front zu wanken. Die Flammen der Revolution züngeln im Rücken des Heeres auf, schon ist der Freund und Helfer von der Seite gedrängt, eine Kaiserkrone rollt in den Staub[48]." Immer noch spricht er von der "Sittlichkeit seines (des deutschen Volkes) Krieges, den es geführt hat aus dem ganzen schweren ethischen Ernst heraus, der dem Germanen eigentümlich ist. Was wußten wir von dem Spiel und Widerspiel diplomatischen Geschicks und Ungeschicks, die um jeden Wendepunkt der Weltgeschichte ihr dichtes Netz ziehen? Wir wußten nur ... , daß unser Kampf ging um die Erhaltung des leiblichen und geistigen Seins unseres Volkes und darum sittliche Pflicht, und als ein Kampf um ewige Güter, ein geheiligter Kampf war[49]." Diese Kriegsromantik, diese Verherrlichung und Glorifizierung des Krieges als der sittlichen Bewährungsprobe eines Volkes und die unklare Vermischung politischer, moralischer und religiöser Motive hat Holstein bis an sein Lebensende nicht ablegen können.

Holsteins politische Äußerungen zur Weimarer Republik erscheinen heute phrasenhaft. In der bereits zitierten Hindenburg-Festrede aus dem Jahre 1927 umriß er die politische Situation Deutschlands folgendermaßen: "Noch immer klafft Deutschland in zwei Klassen stärksten sozialen Gegensatzes friedlos auseinander, noch immer befehden sich die Parteien aufs bitterste und rücksichtsloseste, jenseits der Grenzen kämpfen Millionen unserer Volksgenossen bis aufs Blut um ihr Volkstum, und dunkel und rätselschwer liegt die Zukunft vor uns[50]." Angesichts dieser Lage wünscht sich Holstein einen "Rütlischwur" und "nicht eher zu ruhen, bis wir wieder ein Volk in sozialer Einheit sind, in der jeder nur im anderen den Bruder sieht, ein Volk, eins im tiefen Willen zu sich selbst, ein Volk eingedenk jeden Tages und jeder Stunde der Brüder jenseits der Grenzen in Tat und Opfer[51]." Diese Vorstellung, daß politische, wirtschaftliche und soziale Probleme mit der Beschwörung einer Wiederversittlichung der Politik gelöst werden könnten, ist uns heute nur noch schwer verständlich.

Daß Holstein die Demokratie von Weimar innerlich befürwortete, ist unwahrscheinlich. Sicher war er dem 19. Jahrhundert näher als dem zwanzigsten der Massendemokratie. Dennoch kämpfte er bei sachlicher Kritik in allen seinen staatsrechtlichen Aufsätzen für eine Aufwertung der Weimarer Verfassung, insbesondere der Grundrechte. Er sah seine Aufgabe als Professor darin, den Studenten die neue Staatsform der Weimarer Verfassung nahezubringen, wie er es in

---

48 Hindenburg-Festrede, S. 9.

49 Hindenburg-Festrede, S. 14.

50 Hindenburg-Festrede, S. 15.

51 Hindenburg-Festrede, S. 16 f.

seiner Greifswalder Universitätsrede besonders eindrucksvoll tat[52].

1929/30 beteiligte sich Holstein an der Gründung der Konservativen Volkspartei (KVP)[53]. Die Konservative Volkspartei[54] war eine Abspaltung der Deutschnationalen Volkspartei (DNVP)[55], der bis dahin größten bürgerlichen Rechtspartei in der Weimarer Republik. Die DNVP trat dezidiert für die Wiederherstellung der Monarchie ein. Daneben bekannte sie sich zu nationaler Einheit, christlicher Erziehung, Privateigentum und Privatwirtschaft und führte einen unerbittlichen Kampf gegen den Versailler Vertrag. 1928 wurde der bisherige Vorsitzende der DNVP, Graf Westarp, nicht wiedergewählt. An seine Stelle trat der alldeutsche Großindustrielle Alfred Hugenberg. Hugenberg, wegen seines vielfältigen Engagements im Medienbereich auch "Herr von Presse und Film" genannt, gab der DNVP eine scharfe Kursänderung. Er wollte das Weimarer "System" nun auch durch außerparlamentarische Agitation bekämpfen. Dazu versuchte er, die Parteiorganisation mehr und mehr von seinen ökonomischen und publizistischen Machtmitteln abhängig zu machen und zu radikalisieren. Damit stieß er auf Widerstand in seiner Partei. Etwa die Hälfte der Fraktion und zahlreiche Parteimitglieder, unter ihnen auch Rudolf Smend und Heinrich Triepel[56] traten aus der DNVP aus. Eine Gruppe Jüngerer konstruktiv-konservativ Gesinnter gründete darauf zunächst 1929 die Volkskonservative Vereinigung. Ende Juli 1930 wurde daraus die Konservative Volkspartei. Ihr schlossen sich die Führer der nationalen Gewerkschaften und konservative und nationale Teile der Jugendbewegung an[57].

In ihrem Gründungsaufruf[58] bekannten sich die Parteigründer der KVP etwas verschwommen zum Volkstum, zur geschichtlichen Überlieferung und zur Autorität und Stärke der Staatsgewalt. Im einzelnen heißt es dort etwa: "Der konservative Staatsgedanke sieht im Staat den lebendigen Ausdruck der ewigen Volkspersönlichkeit. Ehre, Freiheit, Gesundheit und Kraft der Nation stehen über den Interessen des Einzelnen." Eine Zustimmung zur gewaltenteilenden Demokratie der Weimarer Verfassung und ihren Grundrechten fehlt. Statt dessen soll "das System regelloser

---

52 Vgl. unten S. 60 ff.

53 Kantorowicz, Nachruf S. 455.

54 Zur Konservativen Volkspartei siehe: Ludwig Bergstrâsser, Geschichte der politischen Parteien in Deutschland, S. 219, 222; K. D. Bracher: Die Auflösung der Weimarer Republik S. 283 ff., 287; K. Nowak, Evangelische Kirche und Weimarer Republik, S. 102.

55 Zur DNVP: L. Bergstrâsser, Die Geschichte der Parteien, S. 210 ff.; E. R. Huber, Deutsche Verfassungsgeschichte seit 1789, Bd. 6, S. 157-166.

56 Gerhard Leibholz, Rudolf Smend Gedenkrede, gehalten am 17. Juni 1976, S. 18.

57 E. R. Huber, Deutsche Verfassungsgeschichte seit 1789, Bd. 6, S. 171-174.

58 Wilhelm Mommsen, Deutsche Parteiprogramme, S. 544 f.

Massenherrschaft durch einen der geschichtlichen Entwicklung und natürlichen Gliederung unseres Volkes entsprechenden Staatsaufbau" überwunden werden. Es folgt ein überkonfessionell gehaltenes Bekenntnis zu "den lebendigen Quellen des Christentums", sowie ein Eintreten für eine sozial-konservative Politik: "Soziale Klassenordnung von oben nach unten wollen wir überwinden. Das notwendige Streben des einzelnen nach wirtschaftlichem Erfolg darf Nation und Staat nicht schwächen. Eigentum soll uns Verpflichtung zum Dienst am Ganzen sein." Die Partei blieb eine Splittergruppe ohne politischen Einfluß. Bei der Reichstagswahl vom 14.9.1930 erreichte sie mit 0.8% der Stimmen lediglich 4 Sitze, die sie bei der nächsten Wahl 1932 wieder verlor.

Nach dem Urteil seines Kieler Kollegen Hermann Kantorowicz konnte Holstein "nur die höchste Not des Vaterlandes zu aktiver Parteipolitik veranlassen." [59]

59 Kantorowicz, Nachruf, S. 455.

Zweites Kapitel

Staatsphilosophie

A. Holsteins staatsphilosophische Schriften

Holstein debütierte auf dem Gebiet der Staatsphilosophie - sieht man von einigen kleineren Schriften ab[60] - im Jahre 1923 mit seiner Habilitationsschrift über die "Staatsphilosophie Schleiermachers". Schon als Student hatte er begonnen, sich mit Schleiermacher auseinanderzusetzen[61]. Damit hat er als erster Jurist den großen Gedankenreichtum der Schleiermacherschen Staatsphilosophie dargestellt. Bis heute ist Holsteins Habilitationschrift die einzige umfassende Darstellung dieses Themas geblieben[62].

Holstein leistet zunächst eine wertvolle Quellenarbeit, indem er Schleiermachers in vielen Schriften zerstreutes, bis heute nicht vollständig ediertes und an Entwicklungen reiches philosophisches Staatsdenken aufarbeitet. Besonders eingehend befaßt er sich dabei mit der Genesis des Organismusbegriffs bei Schleiermacher, den Holstein als Schlüssel des Schleiermacherschen Staatsdenkens ansieht. Dann folgt eine Darstellung von Schleiermachers empirischer Staatskunde[63]. Holstein betont dabei die Verbindung von spekulativem und empirischem Staatsdenken bei Schleiermacher.

Schleiermachers Werk wird in zweifacher Hinsicht in den geistesgeschichtlichen Kontext eingebettet. Zum einen arbeitet Holstein Schleiermachers Stellung in der Geschichte des protestantischen Staatsdenkens heraus. Holstein skizziert die Entwicklung des protestantischen Staatsbewußtseins von Luther bis in das 18. Jahr-

---

60 1915: "Die Staatsphilosphie Richard Wagners"; 1917: Luther und der deutsche Staat"; 1917: "Richard Wagner und das deutsche Staatsbewußtsein"; 1919: "Novalis und die Entstehung der romantischen Staatslehre".

61 Rudolf Smend, Nachruf, PrKiZ27 (1931) 33, 35.

62 Auch von theologischer oder philosophischer Seite gibt es keine vergleichbare Untersuchung. Das bereits 1870 erschienen Werk Diltheys 'Das Leben Schleiermachers', durch welches Holstein stark beeinflußt worden ist, enthält keine besondere Darstellung der Staatslehre Schleiermachers.

63 Vorlesung aus dem Jahr 1829; ein Kollegheft Schleiermachers ergänzt aus Nachschriften einiger Studenten.

hundert. Dabei kommt es ihm darauf an, die besondere staatsphilosophische Auswirkung Luthers bis zu Schleiermacher aufzuzeigen und die zeitgeschichtliche Bedingtheit und den Wandel der politischen Predigt Schleiermachers zu würdigen. Zum anderen wird Schleiermachers Stellung in der Entwicklung des deutschen Idealismus aufgezeigt. Hier finden sich Ausführungen über Schleiermachers Verhältnis zu Kant, Fichte, Schelling, Hegel, Goethe, Schiller und Novalis.

Holstein kommt zu dem Ergebnis, daß Schleiermacher einer der bedeutendsten deutschen Staatsdenker gewesen sei, dessen besondere Leistung in der Gewinnung und Fruchtbarmachung des Organismusbegriff für das Staatsdenken des Idealismus liege.

Holstein hat mit seiner Schrift einen bedeutenden Beitrag zur Ideengeschichte des deutschen Idealismus und des staatlichen Denkens in Deutschland geleistet. Allerdings muß man kritisch anmerken, daß die Würdigung Schleiermachers als einer der bedeutendsten deutschen Staatsdenker überzeichnet ist. Rudolf Smend schrieb über das Werk, daß Holstein es nicht rein historisch, sondern auch "systematisch" gemeint habe, indem "einer Zeit, deren Gehalt als Ganzes noch nicht erfaßbar, vielmehr erst in mühsamem Aufbau neu zu gewinnen war, das staatsphilosophische Erbgut des deutschen Idealismus einer-, der staatsethischen Auswirkungen protestantischer Frömmigkeit andererseits anschaulich zu machen suchte und zwar in einem bisher in dieser Hinsicht nicht genügend gewürdigten Repräsentanten[64]." Hierauf soll im nächsten Kapitel näher eingegangen werden.

Noch im gleichen Jahr 1923 hielt Holstein in Greifswald auf der Pommerschen "Lutherischen Konferenz" einen Vortrag mit dem Titel: "Luther und die deutsche Staatsidee"[65]. Holstein versucht in dieser Schrift, nach einer kurzen Darstellung von Luthers Verständnis der Obrigkeit, den spezifisch lutherischen Gehalt in den staatsphilosophischen Systemen des deutschen Idealismus aufzuzeigen. Diese charakterisiert er als eine Symbiose von Luther und neuzeitlichen westeuropäisch-rationalistischen Staatsideen.

Man kann diesen Vortrag als Ertrag des Schleiermacherbuches verstehen, gleichsam als eine Zusammenfassung der Ergebnisse. Jedoch dürfte dieser Vortrag im Gegensatz zu dem sehr sorgfältig gearbeiteten und anspruchsvollen Schleiermacherbuch in kürzerer Zeit entstanden sein. Dazu kommt, daß er sich an ein nichtwissenschaftliches Publikum richtet. Kurz vor seinem Tod bezeichnete Holstein gegenüber dem Historiker Gerhard Ritter seinen Lutheraufsatz nur als vorläufige

---

64 Rudolf Smend, Nachruf, PrKiZ27 (1931) 33, 35.

65 26. Nov. 1923; veröffentlicht 1. in: "Die Zeitwende", 1. Jahrg,. 1. Hälfte (1925), S. 281-292; 2. als selbständige Schrift: Tübingen 1926.

Zusammenfassung. Er wolle sich nicht mehr an alle Sätze gebunden wissen. Den Hauptnachdruck lege er auf die der ursprünglichen Rede erst 1926 beigefügten Anmerkungen. Immerhin wird man heute den Lutheraufsatz noch als frühes "Programm einer Lebensarbeit" werten dürfen[66].

Die unvollendet gebliebene "Geschichte der Staatsphilosphie" ist Holsteins dritte größere staatsphilosophische Schrift und gleichzeitig sein letztes Werk. Es erschien erst nach seinem Tod. Holstein hat leider nur die ersten drei Kapitel - Staatsphilosophie der Antike, des Mittelalters und des europäischen Westens seit der Renaissance - fertigstellen können, bevor er starb. Karl Larenz, der das Werk beendete, schrieb in seinem Vorwort: "Holstein beabsichtigte anscheinend, in einem letzten Abschnitt seiner geschichtlichen Betrachtung die deutsche Staatsphilosophie seit der Reformation darzustellen, also auf Luther zurückzugreifen und die Staatsphilosophie des deutschen Idealismus und der Romantik mit der Entwicklung des protestantischen Staatsgedankens zu verknüpfen[67]." Holstein hat dies in dem letzten fertiggestellten Kapitel der "Geschichte der Staatsphilosophie" angedeutet: Es gehe "ein grundlegender Unterschied zwischen der Gesamtheit staatsphilosophischen Denkens in Westeuropa und dem deutsch-protestantischen Kulturgebiet hervor, der von hier aus auch unsere Darstellung in zwei Teile zerfallen läßt[68]." Holsteins Versuch einer deutschen, christlichen und idealistischen Staatsphilosophie und einer darauf aufbauenden ideengeschichtlich-philosophischen Grundlegung der deutschen Staatsrechtslehre ist Fragment geblieben. Im folgenden kann daher nur versucht werden, Holsteins Vorstellungen aus seinen früheren Werken zu entwickeln[69].

---

66 G. Ritter, Bespr. von "Luther und die deutsche Staatsidee" in: Historische Zeitschrift 145 (1932) 386.

67 Staatsphilosophie, S. 91.

68 Staatsphilosophie. S. 53.

69 Besonders: Luther und der deutsche Staat 1917; Richard Wagner und das deutsche Staatsbewußtsein 1917; Novalis und die Entstehung der romantischen Staatsrechtslehre 1919/20; Die Staatsphilosophie Schleiermachers 1923; Luther und die deutsche Staatsidee 1923/25.

B. Holsteins System der deutschen Staatsphilosophie

I. Luther und die deutsche Staatsphilosophie

a. Luther ist, so Holstein, der Begründer eines spezifisch deutschen Staatsgedankens[70]. Im Luthertum sei ein "eigener Typus staatlicher Lebensgestaltung zur Geltung gekommen[71]". Zwei Elemente lutherischen Staatsdenkens stehen für Holstein dabei im Vordergrund, die christlich-religiöse Staatsbegründung und die christliche Berufsethik.

"Gott steht hinter dem Staat, den er als sittliche Ordnung des natürlichen Lebens geschaffen hat"[72]. Die natürliche, gegebene Lebensordnung wird als gottgewollte Ordnung gewertet.

Da der Staat von Gott geschaffen ist, besteht die Pflicht des einzelnen zur sittlichen Einordnung in den Staat, "die Pflicht des einzelnen, seine sozialen Beziehungen mit christlichem Geist zu durchdringen und so die natürlichen Ordnungen zu höherer Sittlichkeit zu durchformen[73]." Der fromme Mensch hat die Aufgabe, den Staat von innen heraus christlich zu machen: "Die volle Aufnahme der evangelischen Berufssittlichkeit, die den Menschen nicht aus der natürlichen Lebensordnung herausreißt, sondern sie zum Gegenstand einer positiven sittlichen Haltung macht, ist es, die der Staatsauffassung Luthers ein entscheidendes Gepräge gibt. Die Pflicht der Obrigkeit zur Amtsführung in gottgebundener Verantwortung, ihre Bindung nicht nur an Pflichten äußeren Schutzes, sondern auch an die Positivität sittlicher, sozialer, geistiger Fürsorge für die Untertanen werden mit dem gleichen Nachdruck betont, wie die Pflicht des Untertanen nicht nur zum äußeren Gehorsam, sondern auch zur inneren Ehrerbietung ihr gegenüber." [74]

Luthers Staatsanschauung fehle aber, so Holstein, jegliche Anknüpfung an die zeitgenössische Staatsphilosophie. "Ihm fehlt jede intellektualistische Wurzel und eine daraus fließende gedankliche Begründung; es ist der religiöse Genius, der das Leben der Zeit mit dem gleichen Gottesbewußtsein erfaßt, das er in seinem Innern

---

70 Luther und der deutsche Staat, 1917 S. 252, 256. In seiner Rede auf der Generalsynode der Kirche der altpreußischen Union (1927) sagte Holstein: "Der deutsche Staatsgedanke ist geworden mit durch Luther und durch die Reformation. Der evangelische Christ ist zutiefst gewissensmäßig gebunden an Staatsgedanken und Staatswirklichkeit." (PrKiZ 23 (1927) 171).

71 Schleiermacher, S. 7.

72 Luther, S. 9.

73 Luther, S. 19.

74 Luther, S. 10.

erlebt, und der von da aus sein Verhältnis zu ihren sozialen und staatlichen Ordnungen gewinnt"[75]. So erkennt Holstein, daß Luther kein System der Staatsphilosophie geschaffen hat. Luther spricht selbst nie von einem abstrakten Gebilde Staat, sondern immer von der konkreten "Obrigkeit". Eine genauere Reflexion dieses Begriffes finde, so Holstein, noch nicht statt. Er nennt dies die 'patriarchalische Denkweise' Luthers, die "die Obrigkeit als erweiterte elterliche Gewalt zu begreifen sucht"[76]. Während Luther den Staat als von Gott geschaffene Größe rechtfertige und das protestantische Staats*bewußtsein* begründet habe, bleibe die äußere Staats-*form* noch in mittelalterlichem Denken verhaftet.

Erst dem deutschen Idealismus gelinge es, dies zu ändern: "Der ethische Inhalt der lutherischen Staatsanschauung wurde gewahrt; die begriffliche Form des lutherischen Staatsdenkens, der Patriarchalismus, ließ sich, zeitgebunden wie sie war, vor den Tatsachen der neuen politischen Welt nicht halten. Mit anderen Worten: Der Kampf um das Festhalten des spezifisch deutschen, durch die Reformation gewonnenen ethischen Staatsbewußtseins mußte zugleich ein Kampf um die begriffliche Grundlegung eines deutschen Staatsgedankens werden"[77].

b. Holsteins Lutherbild kann man in keine bestimmte Schule[78] einordnen. Insbesondere ist es zu einfach, wenn man sagt, Holstein sei noch an den Kulturprotestantismus des 19. Jahrhundert gebunden und habe die neue Lutherforschung des 20. Jahrhunderts nicht gekannt[79]. Holstein hatte Luthers Schriften selbst intensiv studiert[80] und er übersah die moderne Lutherforschung. Er kannte die neuen Erkenntnisse der Lutherrenaissance, von der er schrieb, daß sie das "äußerlich-monumentale Heroenbild des ausgehenden 19. Jahrhunderts" abgelegt habe und wieder in das religiöse Zentrum Luthers vorgestoßen sei[81]. Holstein kannte auch die Anfänge der dialektischen Theologie der er kritisch gegenüberstand[82].

Natürlich ordnet Holstein, dessen Denken insgesamt am deutschen Idealismus

75 Schleiermacher, S. 9.

76 Schleiermacher, S. 9.

77 Luther, S. 14.

78 Zur Geschichte der Lutherforschung vgl.: G. Ebeling, in: RGG 3. Aufl. Bd. 4, Sp. 495 f., Art. Luther II; E. Wolf, EKL 2. Aufl. Bd. 2, S. 1177 f. Art. Lutherforschung.

79 So aber Emil Brunner, Das Gebot und die Ordnungen, 3. Aufl. 1939, S. 679, Anm. 10.

80 Vgl. die zahlreichen Zitate aus der seit 1883 erscheinenden Weimarer Lutherausgabe in: Luther, Fn. 12-25, Grundlagen, S. 72 ff.

81 Luther, Fn. 8; vgl. Holsteins Auseinandersetzungen damit in den Fußnoten Fn. 1, 5, 7, 19.

82 Insbesondere zitiert Holstein Karl Barths Römerbrief, sowie die von K.Barth und Eduard Thurneysen herausgegebene Zeitschrift "Zwischen den Zeiten". In: Luther, Fn. 1, auch Fn. 19.

orientiert ist, auch Luther in eine idealistische Geistesgeschichte ein. Besonders deutlich wird dies, wenn Holstein die Gemeinsamkeiten und Differenzen von Luther und Hegel herausarbeitet[83]. Ferner stellt er die dialektische Theologie und Luther unter dem der idealistischen Philosophie entnommenen Aspekt des Dualismus von Individuum-Gemeinschaft gegenüber. Die dialektische Theologie beruhe, schreibt Holstein, wie der religiöse Sozialismus und das Schwärmertum, auf der rein individualistischen Perspektive Gott-Individuum, während eine "irgendwie auf lutherischem Grundgefühl aufgebauten Staatsauffassung" in der großen Sozialordnung von "Familie, Beruf, Volk und Staat ein System transsubjektiver, gottgesetzter Werte, ein Stück objektiven Geistes, sieht"[84].

Aber Holstein tat dies gerade nicht unreflektiert. Er erkannte, daß der moderne Staat als christlicher Staat in einer christlichen Umwelt entstanden ist. Er sah, daß das Denken über den Staat als christliches Denken begonnen hatte. Diese historische Wurzel des modernen Staates hat Holstein herausgestellt. Er wollte damit, wie er schrieb, in der krisengeschüttelten Weimarer Republik an die "letztlich religiösen Wurzeln aller echten Kultur und an die Gewissensfrage, die das christliche Bewußtsein an jeden konkreten Kulturbesitz zu stellen hat" erinnern[85]. Auch wenn Holstein vielleicht etwas zu einseitig Luthers Bedeutung für das moderne Staatsdenken betonte, so hat er doch zurecht auf die christliche Tradition des neuzeitlichen Staates hingewiesen.

II. Die westeuropäische Staatsbegründung

Im 16. und 17. Jahrhundert entstand, so Holstein, der neuzeitliche Staatsgedanke. Bodins Lehre der Souveränität und ihr angelsächsisches Gegenüber, Hobbes Lehre des Leviathan, die Grundrechte, der Gedanke der Mehrheitsentscheidung und die Lehre vom Widerstandsrecht, das seien die Gedanken, die den neuzeitlichen Staat begründen. Wichtiger für Holsteins Denken ist aber die Kritik, die er an der 'Staatsphilosophie des europäischen Westens', wie er schreibt, übt. Er kritisiert den individualistischen Charakter der Staatsphilosophie der Aufklärung und das Fehlen überindividueller Staatsvorstellungen: "Man gewinnt eine konstruktive Staatstheorie, die letztlich den Staat nicht aus seinem Eigensein, sondern lediglich von Individuum her konstituiert"[86]. Dem Staat fehle daher letztlich die begriffliche und ideelle

83 Luther, Fn. 19 S. 30 ff.

84 Luther, Fn. 19, S. 30.

85 Luther, S. 8.

86 Staatsphilosophie, S. 53.

Selbständigkeit. Eben darum fehle ihm aber auch das in allem Wechsel beständige und die Individuen überragende Element. So könne er jederzeit leicht im Individuum aufgehen.

Zwei Beispiele mögen genügen. John Locke greift Holstein etwa mit den Worten an: "Der Zweck der menschlichen Gesellschaft ist im Grunde überhaupt nichts anderes, als der friedliche und sichere Genuß des Eigentums"[87]. Die Menschenrechte wirken sich so als "temperierter bürgerlicher Egoismus" aus.

Bei Montesquieu[88], so Holstein, erfolgt die Durchführung der Idee der Gewaltenteilung "ganz im Sinne des rationalistischen Konstruktivismus". Es werde versucht, "den Staat in einem System von Hemmungen und Balancen zu verfassen, das mit mechanischer Notwendigkeit funktioniert und mit der gleichen Sicherheit, wie eine Maschine, funktioniert. ... Rationalistisch ist die Lösung aber auch, weil der ganze Aufbau aus dem Rechtsgedanken dadurch in die größten Schwierigkeiten kommt, daß er mit einem rein intellektualistisch und rationalistisch gedachten Gesetzesbegriff arbeitet, der alles in Regeln einbeziehen und alles von der Regel aus gestalten soll. ... Die ungeheure Vielfältigkeit der Größe Verwaltung (wird) in die Formel der bloßen Gesetzanwendung gepreßt." Der Sinn des Richtertums werde seines eigentlichsten Inhaltes entleert. "Die Richter sollen nach Montesquieu das Gesetz und nichts als das Gesetz anwenden; sie sind unbeseelte Wesen. ... Auch ihre Tätigkeit ist im Grunde nichts weiter als ein mechanisch-logisch sich vollziehender Vorgang."

Holstein kommt zu folgender Gesamtwürdigung: "Radikale Wendung des einzelnen gegen den Staat, radikale Wendung des Staates gegen den einzelnen - das ist die Alternative, vor die das westliche Denken auch den deutschen Menschen zu stellen scheint; es sind als radikaler Liberalismus, Demokratismus und Absolutismus Grundformen des politischen Denkens überhaupt"[89]. Diese Staatstheorien der Aufklärung hatten, so Holstein, "eben weil sie wesentlich mit dem individualistischen Schema des Vertrags arbeiteten, in steigendem Maße die Gefahr einer Auflösung des Staates in sich getragen, in steigendem Maße zumal, als die ursprüngliche Kraft religiöser und von daher auch auf das Gebiet des Rechtlich-Ethischen hinüberwirkender Bindungen im Abklingen begriffen waren. Eine neue Zeit und eine neue Ordnung der Dinge, die sich im Politischen wie im Sozialen abzuzeichnen begann, brauchte aber den Staat mehr denn je"[90]. Die Aufklärung vermochte

87 Staatsphilosophie, S. 77.

88 Alle folgenden Zitate: Staatsphilosophie; S. 79 ff.

89 Luther, S. 13.

90 Staatsphilosophie, S. 87.

aber, so Holstein, die von ihr selbst aufgeworfenen Probleme geistig nicht meistern. Dazu hätte es eines neuen Anstoßes bedurft. Dieser sei durch den deutschen Idealismus gekommen.

III. Die Staatsphilosophie des deutschen Idealismus

1. Holsteins Bild des deutschen Idealismus

Was Holstein unter "deutschem Idealismus" versteht, hat er in einer umfangreichen und originellen Fußnote seines Lutheraufsatzes skizziert[91]. Auch die für sein Werk so wichtige Frage nach dem Naturrecht hat Holstein lediglich in einer Fußnote abgehandelt[92]. Ursache dafür dürfte vielleicht Holsteins Wunsch gewesen sein, diese Themen später einmal eingehender zu untersuchen, wozu es aber aufgrund seines frühen Todes nicht mehr gekommen ist. Man wird die Unfertigkeit der "Fußnotenbemerkungen" berücksichtigen müssen und darf sie folglich, so wichtig sie für das Verständnis von Holsteins Denken sein mögen, nicht überinterpretieren. Dennoch soll der Inhalt dieser Fußnote hier wiedergegeben werde, da sie gut zeigt, daß Holstein in großen Gedankensystemen dachte.

Der deutsche Idealismus ist, so Holstein, "die spezifisch deutsche, dem englisch-französischen Geistessystem entgegengesetzte Bewegung[93]". Sie beginnt mit Leibniz und Klopstock. Ihren philosophischen Abschluß findet sie in Hegel, ihren "künstlerischen Abschluß in Richard Wagner". Klassik und Romantik sind "lediglich Teilerscheinungen in der idealistischen Gesamtbewegung, als einer spezifischen Emanation deutschen Geistes[94]". Drei Quellströme speisen den Idealismus: 1. Der Humanismus und die damit verbundene Wiederentdeckung der Antike, 2. Das Christentum und 3. eine "besondere metaphysisch-mystische Grundstimmung, die dem germanisch-deutschen Menschen doch wohl eigentümlich ist[95]."

Besonders wichtig für Holstein ist die Nähe des Idealismus zum Christentum. Die nachlutherische Theologie habe kein "neues und großlinig das allgemeine Denken beherrschendes System" entwickelt, sondern sei vielmehr selbst dem Rationalismus zum Opfer gefallen. Der deutsche Idealismus sei eine Laienbewegung großen Stils, die beim Versagen der Theologie in die Bresche gesprungen sei

---

91 Luther, S. 42 ff., Fn. 78.

92 Elternrecht, S. 201 f., Fn 34.

93 Luther, S.42, Fn.78.

94 Luther, S. 42, Fn. 78.

95 Luther, S. 39, Fn. 78.

und von sich aus den Versuch gemacht habe, die der deutschen Welt seit der Reformation eigentümlichen religiösen und ethischen Positionen gedankenmäßig neu zu begründen und zu sichern"[96].

Die wesentlichen Punkte, in denen sich das deutsche von dem westlichen Denken unterscheidet, gehen, so Holstein, auf Luther zurück. Vier Punkte hebt er hervor:

1. Die Begründung der Persönlichkeitsidee in einem transzendentalen, religiös-sittlichen Zusammenhang und eine daraus folgende Wendung zu einem ethischen Aktivismus.
2. Die Affinität zu der Idee der Gottesordnung und die daraus folgende Tendenz, bestehende Institutionen zu bejahen sowie den Kern alles Sozialen ethisch-geistig zu verinnerlichen.
3. Die Tendenz, die Welt aus der schöpferischen Wirkung eines transsubjektiven und absoluten Geistes zu erklären, und demgemäß die Neigung, philosophische Systeme in einem geschichts- und religionsphilosphischen Abschluß gipfeln zu lassen und
4. die Erkenntnis des Bösen im Menschen und als Konsequenz daraus eine Erlösung und Rechtfertigung aus göttlichem Liebeswillen[97].

Begann der Idealismus, fährt Holstein fort, bei Leibniz und Klopstock als ausgesprochen christliche Bewegung, so erfolgte kurz vor 1800 eine Wendung zu klassizistisch-humanistischem Denken. Er nennt hier die Spannung "der Gruppe Goethe-Schiller gegen Herder" sowie die Frühkonzeptionen bei Fichte, Hegel und Hölderlin. Die einsetzende Romantik bringt wieder den Umbruch zum verstärkt Christlich-Religiösen, etwa bei Novalis oder dem frühen Schleiermacher, dann aber auch Goethes Faust II und Schillers "Jungfrau von Orleans". "Von dort setzt sich in den philosophischen Systemen von Schleiermacher, Hegel und Schelling das christliche Element mit immer steigendem Einfluß durch und endet in Richard Wagners Parsifal mit einem christlich-mittelalterlichen Mysterienspiel und in den Meistersingern mit einer musikalischen Verklärung der Reformationszeit, beides typisch romantisch-idealistische Motive aufnehmend[98]."

---

96 Luther, S. 40, Fn. 78.

97 Luther, S. 38, Fn. 78. Es folgt eine Abgrenzung gegenüber dem katholischen Denken, das Holstein auch von dem idealistischen Denken abhebt.

98 Luther, S. 42, Fn. 78.

2. Holsteins Kantkritik

Den ersten Schritt zu einem eigenständigen idealistischen Staatsgedanken tat nach Holstein Kant. Er verband den individualistischen Gedanken der Freiheit des Einzelnen mit dem lutherischen Erbe des "starken Gefühls für die sittliche Würde der staatlichen Ordnung"[99], indem er den Staat "ganz auf dem Rechtsgedanken aufbaut"[100].

Interessant für Holsteins Denken ist seine deutlich an Hegel[101] und Schleiermacher orientierte Kritik[102]: Kant habe den Individualismus nicht überwunden. Er lasse alle Kultur "beim Privatmann beginnen". Auch im Aufbau des staatsphilosopischen Gedankengebäudes gehe er "von dem Phänomen des zunächst ganz auf sich selbst gestellten Menschen aus. Die antisozialen Urtriebe des Menschen werden so zum eigentlichen Hebel der gesellschaftlichen Entwicklung; sie sind es, die den Menschen in den Rechtszustand ... hineinzwingen, der ... nichts anderes ist, als die ihm pathologisch abgedrungene Abgrenzung der gegeneinanderstrebenden Willensphären und so mit dem Staat identisch ist"[103]. So werde zwar "die freie Handlungssphäre des einzelnen, soweit es überhaupt möglich ist, sichergestellt". Dies habe jedoch zur Folge, daß auf der anderen Seite der Staat nur "in einem metaphysischen transpersonalen Minimum, eben der Verwirklichung der Rechtsidee, verwurzelt"[104] wird. Ferner hat Kant nach Holstein den sittlichen Freiheitsbegriff noch nicht in ein politisches Freiheitspostulat umgesetzt[105]. Er schaffe einen Freiraum des einzelnen von dem Staat, aber er ermöglicht noch nicht das aktive Handeln im Staat.

Am deutlichsten richtet sich Holsteins Kritik schließlich gegen den fehlenden Nationalismus bei Kant: "Das besondere Staatsgefühl des Landes, in dem er doch lebte, das warmherzige preußische Nationalgefühl ... fehlt dem Philosophen von Königsberg so gut wie vollständig"[106]. Der Staat sei bei Kant gerechtfertigt in der Rechtsidee, "nicht aber der konkrete Staat, oder, was das gleiche bedeutet, die Vielheit der Staaten"[107]. Staaten seien für Kant nichts als "durch den Rechtsgedan-

---

99 Luther, S. 15.

100 Schleiermacher, S. 24.

101 G. W. Hegel, Grundlinien der Philosophie des Rechts , §§ 29, 75, 333.

102 Ähnlich kritisch gegenüber Kant: C. Schmitt, Über die drei Arten rechtswissenschaftlichen Denkens, S. 46.

103 Schleiermacher, S. 23.

104 Luther, S. 15.

105 Schleiermacher, S. 26.

106 Schleiermacher, S. 26.

107 Schleiermacher, S. 26.

ken zusammengehaltene zufällige Menschenkonglomerate"[108]. Daher habe Kant für die "großen geistigen Totalitäten der nationalen Kulturkomplexe kein Auge, geschweige denn, daß sie für ihn geschichtliche Wirkungsfaktoren wären"[109].

Schließlich kritisiert Holstein die Stellung, die der Krieg in Kants Denken erhält. Kant kenne nur den Typus des Kabinettskrieges. "Eine höhere sittliche Idee", die den Krieg "darüber hinaus rechtfertigt"[110], ein "Ethos des nationalen Krieges"[111] kenne Kant nicht.

3. Der Staat als sittlicher Organismus[112]

Der wirkliche Durchbruch in der idealistischen Staatsphilosophie wurde für Holstein erst nach Kant erzielt. Er schätzt die Philosophen der großen idealistischen Systeme Hegel, Fichte und Schleiermacher deutlich mehr als Kant. Erst ihnen sei es gelungen den überindividuellen, nationalen Staat zu denken. Bei Hegel sieht Holstein, "wie ursprüngliches Verständnis für die geschlossene Geistigkeit großer Kulturtotalitäten und realistische Kritik konkreter politischer Zustände die Wege zu einem einheitlichen von innen heraus gefaßten Staatsverständnis wiesen"[113]. Fichte gelangte zu "dem elementaren Gemeingefühl des Redners an die deutsche Nation".[114]

Am intensivsten wendet sich Holstein dann aber Schleiermacher zu. Schleiermacher habe als Theologe und Philosoph die "bedeutsamste Verbindung idealistischer Systembildung und evangelischer Religiosität"[115] erreicht. Holstein sieht Schleiermachers Bedeutung wesentlich in der Wiederaufnahme lutherischen Denkens und

---

108 Schleiermacher, S. 26.

109 Schleiermacher, S. 27.

110 Schleiermacher, S. 27.

111 Luther, S. 16. Auch R. Smend sah im Krieg den Kampf der geistigen Kräfte der Völker und ihrer Kulturen (Krieg und Kultur, Tübingen 1915) und sprach von dem "sittlichen Recht des Staates als solchem zum Kriege" (ebda. S. 20). Er bezeichnete den Krieg als eine "Katastrophe des Völkerlebens" und gleichzeitig als "Rätsel" (ebda. S. 20).

112 Vgl. dazu K. Rennert, Die "geisteswissenschaftliche" Richtung, § 9. Allerdings kann K. Rennert aufgrund der speziellen Konzeption seiner Arbeit nicht auf Holsteins Vorstellung eines Systems der deutschen Staatsphilosophie eingehen. K. Rennert trennt bisweilen auch nicht deutlich genug zwischen Holsteins Meinung und der von Holstein nur dargestellten Staatsphilosophie Schleiermachers. Besonders die eingehende Auseinandersetzung mit dem Dualismusprinzip leidet darunter. Ferner hat Holstein weder eine eigenständigen Sozialtheorie noch eine Anthropologie (K. Rennert S. 197, 199) entwickelt.

113 Vgl. Luther, S. 17.

114 Luther, S. 17.

115 Luther, S. 17.

in der Umwandlung lutherischen Denkens in ein idealistisches System.

Auf staatsphilosophischem Gebiet führe das dazu, daß Schleiermacher die "sittliche Grundlegung eines neuen Staats- und Bürgergefühls" geschaffen habe, indem es ihm gelungen sei, zwischen den heterogenen Elementen lutherischer Tradition, westlich-eudämonistischer Ethik (und) kantischen Rechtsstaats eine Einheit zu finden"[116]. Das Ergebnis dieser Synthese laute: Der Staat sei ein sittlicher Organismus.

Den Begriff des Organismus hat I. Kant in seiner Kritik der Urteilskraft dem Begriff des Mechanismus gegenübergestellt[117]: Der Organismus ist danach der Gegenbegriff zum Mechanismus. Der Organismus ist eine lebendige Einheit. Der Mechanismus ist eine tote Maschine. Der Mechanismus wird vom Menschen gebaut, um einen außerhalb von ihm liegenden Zweck zu erfüllen. Der Organismus trägt seinen Zweck in sich selbst. Er ist Selbstzweck. Die Teile des Organismus sind nur durch ihre Beziehung auf das Ganze möglich. Das Ganze wiederum besteht nur aus seinen Teilen. Ein Organismus ist also "das, in welchem alles Zweck und wechselseitig auch Mittel ist"[118]. Diesen Organismusbegriff habe Schleiermacher als erster auf den Staat angewendet[119] und damit die in der Aufklärung verbreitete Methapher des Staates als Mechanismus überwunden.

Was bedeutet nun die These, der Staat sei ein Organismus? An drei Punkten versucht Holstein dies zu erklären.

Erstens: Der Staat ist *organische* Lebenseinheit. Der Organismusbegriff verbietet jegliches vertragsstaatlich-individualistische Denken. Der Staat ist nicht lediglich von den Individuen aus zu begreifen. Der Staat ist nicht eine Schöpfung der Individuen. Staat und Individuen können gar nicht getrennt voneinander gedacht werden. Sie sind stets als "vereint miteinander, wesenhaft ineinander verschlungen" vorzustellen. "Nie ist das Individuum denkbar ohne den Staat, losgelöst aus der politische Gemeinschaft; nie ist die politische Gemeinschaft jenseits der Individuen zu denken, die in ihr leben"[120]. Der Staat ist damit nicht mehr kausal, d.h. logisch oder zeitlich aus den Individuen ableitbar[121].

---

116 Luther, S. 17.

117 I. Kant verwendet den Begriff des 'organisierten Wesens'. Kritik der Urteilskraft, § 64 ff.

118 I. Kant, Kritik der Urteilskraft, § 66.

119 Schleiermacher, S. 52 ff.

120 Luther, S. 19.

121 Rennert, S. 202.

Aus diesem "natürlichen Tatbestand" entsteht die ethische Forderung, daß der einzelne sein Leben im Hinblick auf das Ganze führen soll und umgekehrt auch die Ganzheit, der Staat, ihr Leben im Hinblick auf die einzelnen orientieren soll[122]. Der Staat muß für den einzelnen da sein. Er soll ihn zur Mitarbeit im Staat anregen. In den Bürgern soll ein staatliches Gliedgefühl geweckt werden. Das Persönlichkeitsideal soll zugleich lebendiges Bürgerbewußtsein werden. Der Staat soll zum "Staat der helfenden Sozialgesinnung" werden. Das Staatsziel der sozialen Ordnung wird schon begrifflich zum Wesen des Staates gemacht.

Zweitens: Der Staat ist *besondere* organische Lebenseinheit. "Jeder Staat hat seine besondere, keinem anderen Staat gleiche Individualität; es ist die Nation, das Nationale, dem er dient, die ihm das Gepräge seiner Eigenart gibt"[123]. Die Nation ist "vom göttlichen Urwillen gefügte Ordnung des geschichtlichen Lebens ... Vor allem: Das Wesen der Nation selbst wird ganz ins Geistig-Sittliche gesteigert. Volk ist nicht Masse, ist nicht Summe der zufällig Lebenden, Volk ist Volkheit, ist Idee der Nation, ist Gedanke und Gesetz Gottes als Keim und Anlage, als Sehnsuchtsziel und Wesensaufgabe, die seine Schöpferhand in den Busen der Gemeinschaft gelegt hat"[124]. Diese nationale Rhetorik gibt auch dem Krieg eine nationale Bedeutung: Der Krieg wird zu einem Ringen um ein von Gott gegebenes und aufgegebenes Gut, nämlich das "innere Ethos". Im Krieg richtet Gott "die Völker, ob sie in Kraft und Hingabe ihres sittlichen Seins wahrhaft wert sind der Aufgabe, die seine Hand ihnen setzte"[125].

Drittens: Der Staat ist eine organisch sich *über die Zeiten* erstreckende Lebenseinheit. "Der Begriff der Nation ist nicht identisch mit den Zufälligkeiten der gerade heute Geborenen. ... Er offenbart sich am reinsten und stärksten in jenem überpersönlichen Geist, der als Erbe des Glaubens wie der Erkenntnis und des Schaffens in Wissenschaft, Kunst und Religion auf uns zukommt. ... Das, was der Genius eines Volkes will, was der Sinn und Ziel weltgeschichtlichen Geschehens in einem bestimmten Augenblick ist, ist tiefer und weiter, ist rational überhaupt nicht faßbar, offen-

122 Luther, S. 19.
123 Luther, S. 20.
124 Luther, S. 21.
125 Luther, S. 21.

bart sich vielleicht in unbewußter Art oder in intuitiver Erkenntnis am reinsten dem großen Einsamen, dem großen Mann in der Geschichte, von dem Hegel wie Schleiermacher unvergeßliche Worte gesprochen haben. Aber eben - auch dieser große Mann steht nicht ungebunden und willkürhaft über seinem Volk, sondern er ist groß in seiner sittlichen Bindung an Volk und Gewissen"[126].

Modernes Bürgergefühl, positive Staatsgesinnung und volkhaftes Eigenbewußtsein, so faßt Holstein den organischen Staatsgedanken zusammen[127]. Daran anschließend kann er den Bogen von Schleiermacher zu Luther ziehen. Für Luther sei die Obrigkeit die von Gott geschaffene sittliche Ordnung des natürlichen Lebens gewesen, die der einzelne daher nicht ablehnen darf, sondern in die er sich einzuordnen hat und die er mit christlichem Geist zu durchdringen hat. Das mittelalterliche Denken von der Obrigkeit sei zwar von der westeuropäischen Staatsphilosophie durch den modernen Staatsbegriff ersetzt worden. Diese habe aber gleichzeitig den Staat allein vom Individuum her aufgebaut und damit sei die Lutherische Erkenntnis der göttlichen Legitimation der Obrigkeit verloren gegangen. Bei Schleiermacher sei der ethische Gehalt der lutherischen Staatsanschauung wieder aufgegriffen worden. Aber die Form von Luthers Denken, das patriarchalische Bild der Obrigkeit sei durch den Organismusbegriff ersetzt worden. Dadurch sei der Staat "nicht mehr als bloße Summe rein persönlicher Beziehungen zwischen Fürst und Untertanen, sondern als sittliche objektive Gemeinschaft, als transpersonale Wesenheit gliedschaftlicher Struktur, in der das Ganze in den Teilen, die Teile durch das Ganze nach einem eigentümlichen Lebensgesetz bestimmt sind, begriffen"[128] worden.

4. Die nachidealistische Zeit

Die praktische Auswirkung des deutschen Idealismus erfolgte dann, so Holstein, in den Einzeldisziplinen durch idealistisch denkende und arbeitende Wissenschaftler. Er nennt in der Theologie Julius Müller, Richard Rothe, Dorner und Hofmann, bei den Juristen Savigny, Puchta, Herrmann, Gierke, Haenel, in der Nationalökonomie Lorenz von Stein und Roscher und in der Politik F. J. Stahl, Dahlmann und Treitschke. Ihnen allen sei die bewußte Verbindung von philosophisch-idealistischer

---

126 Luther, S. 22.

127 Schleiermacher, S. 117.

128 Luther, S. 19.

Grundlage und religiös-christlichem Ethos eine Selbstverständlichkeit gewesen. Nicht in der Form einer einheitlichen christlichen Dogmatik, sondern in verschiedensten Formen und Abwandlungen, die aber alle auf die vier oben genannten Hauptpunkte zurückführbar sind und insofern als eine "Gesamtbewegung mit einheitlichem religiös-ethisch und christlich-protestantisch bestimmten Ergebnis und Ertrag erscheinen"[129].

Das Verblassen der idealistischen Ideen und eine seit 1830 neu einsetzende westlich-rationale Geistesoffensive ist nach Holstein die Ursache der Krise in der Weimarer Republik[130]. Diese "Weltanschauungskrise"[131] habe zu der "Krisis unseres Rechtssystems und damit zugleich unseres Rechtsdenkens" geführt. Die neue Rechtsauffassung vergaß, so Holstein, über "bloßen Begriffen und Zweckverflechtungen die wirkenden Ideen und die schöpferische Macht lebendiger Gefühlsinhalte".

Diese Diagnose zeigt für Holstein aber auch die Möglichkeit zur Überwindung der Krise auf, nämlich das Wiederaufgreifen der Gedanken des Idealismus und seiner christlichen Traditionen. Das kann natürlich nicht in einem plumpen Zurückgehen erfolgen, sondern nur durch ein neues Suchen der Idee von Staat und Recht. Der Lutheraufsatz schließt mit den Worten: "Daß die neuen Gedankenbewegungen des zu Ende gehenden 19. Jahrhunderts jene Dinge in ihrem innersten Kern mißverstanden, ist die große Tragik der deutschen Geistesgeschichte auch hier; daß sie sich zu einer schöpferisch neuen Einheit fügen, freilich auch zugleich ihre stärkste Hoffnung"[132].

C. Schlußbemerkungen

I. Holsteins System

Eine Würdigung wird stets berücksichtigen müssen, daß Holstein zu früh starb, um sein Werk vollenden zu können. Dazu kommt, daß Holstein sich nur wenig zu dem konkreten Staat von Weimar geäußert hat. Seine staatsphilosophischen Schriften

---

129 Luther, S. 43, Fn. 78.

130 Schleiermacher, S. 117; Luther, S. 43, Fn. 78.. Auch R. Smend sah nicht in Krieg und staatlichem Umbruch, sondern in der geistes- und wissenschaftsgeschichtlichen Lage die Hauptursache der Krise.

131 Aufgaben und Ziele, S. 26.

132 Luther, S. 24.

sind in der Regel philosophiegeschichtlicher Natur. So ist es verständlich, daß Holstein nur Ansätze eines eigenständigen Staatsdenkens hatte und vieles von dem, was er schrieb, noch nicht gedanklich ausgereift ist.

Zunächst ist Holsteins für einen Juristen ungewöhnlich tiefgehende historisch-philosophische Bildung zu betonen. Es gelingt ihm, diese für die Staatsphilosophie fruchtbar zu machen. Schon Rudolf Smend betonte: "Das Große an ihm war die Selbstverständlichkeit der geistigen und insbesondere juristischen Gedankenfülle gleichmäßig, wie er zu unterscheiden pflegte, im Rechtslogischen und Rechtssoziologischen wie im Rechtsideologischen. ... Diese Breite und Intensität des von ihm repräsentierten Besitzes an Kultur, insbesondere an Rechtskultur, ist das höchste Ziel und die edelste Frucht wissenschaftlicher und insbesondere rechtswissenschaftlicher Arbeit. ... Das Zeitalter des deutschen Idealismus, an dem Holstein mit ganzer Seele hing, hat eine solche Rechtswissenschaft gesehen - in der Art, wie Günther Holstein sie mit der ganzen inneren Einheit und Geschlossenheit seiner Persönlichkeit repräsentierte, liegt seine einzigartige und dauernde Bedeutung"[133].

Allerdings muß man kritisch anmerken, daß Holstein in großen geistigen Zusammenhängen denkt. Nicht selten vermißt man ein Argument an einer Stelle, an der er sich damit begnügt, bloße Linien und ein spekulatives System darzustellen[134].

Holstein blieb nicht bei einer bloßen Betrachtung der Vergangenheit stehen, sondern suchte diese für die Gegenwart nutzbar zu machen. Sein Ziel war es, die Krise, die weltanschauliche Zerrissenheit der Weimarer Zeit, durch eine Rückbesinnung auf geistesgeschichtlichen Grundlagen von Staat und Politik zu überwinden. Er wollte deutlich machen, wie tief das wissenschaftliche Denken jeder Zeit in der Vergangenheit verwurzelt sei und daß alle echte Kultur letztlich religiöse Wurzeln habe. Er entwarf dazu ein System der deutschen Geistesgeschichte, welches er durch die Verbindung von lutherischer Frömmigkeit und deutschem Idealismus charakterisiert sah. Darauf aufbauend entwickelte er einen eigenständigen christlich-deutschen Staatsgedanken, welchen er durch die Verbindung von Luthers christlicher Staatsbegründung mit dem Organismusgedanken des deutschen Idealismus charakterisiert sah.

Sicher ist es heute leicht, Holsteins Entwurf als spätidealistisch-spekulative Systembildnerei zu kritisieren oder ihm einzelne Fehler nachzuweisen, über die sein Geist großzügig hinweggegangen ist. Wenn heute der Rückgriff auf christlich-

---

133 R. Smend, Nachruf, AöR 59 (1931) 4 f.

134 H. Kantorowicz beschrieb Holstein treffend als einen Denker, nicht der Schärfe sondern der Tiefe und der Fülle (Nachruf, Archiv für Rechts- und Sozialphilosophie 24 (1930/31) 454.

protestantisches Denken, deutsche Tradition und idealistische Philosophie in der Staatsrechtslehre ungewöhnlich erscheint, so muß man sich aber vor Augen halten, daß in der krisenerschütterten Republik von Weimar ein Verfassungskonsens, wie er heute in der Bundesrepublik besteht, nicht vorhanden war. Das heute so gewichtige Argument der "Verfassungsmäßigkeit" sowie der Vorwurf der "Verfassungswidrigkeit" waren in Weimar wirkungslos. Wenn die Weimarer Staatsrechtslehre nicht vor dieser Wirklichkeit kapitulieren wollte, mußte sie versuchen, einen Konsens jenseits der geschriebenen Verfassung zu finden. Holsteins Staatsphilosophie ist ein Suchen nach einem solchen Konsens. Er hoffte in der Herausarbeitung der gemeinsamen deutschen Geistesgeschichte, deren herausragenden Epochen für ihn die Reformation und der Idealismus waren, etwas zu finden, das breitere Zustimmung finden konnte als die Verfassung von Weimar.

II. Geschichtsphilosophie und ideengeschichtliche Methode

a. Holsteins Denken liegt unausgesprochen ein festes historistisches Geschichtsbild zugrunde, welches die deutsche Geschichte im Zeitalter des Idealismus kulminieren läßt. Konnte damals der Geist zu einer höchsten Form gelangen, so stellt die folgende Zeit nur noch ein Abfallen von einst erklommenen Höhen dar[135]. Hier lernte Holstein von Hegel. Dieser schrieb am Ende seiner Grundlinien der Philosophie des Rechts: "Dieses Volk ist in der Weltgeschichte für diese Epoche - und es kann in ihr nur einmal Epoche machen - das Herrschende. Gegen dies sein absolutes Recht, Träger der gegenwärtigen Entwicklungsstufe des Weltgeistes zu sein, sind die Geister der anderen Völker rechtlos."

Ein solches Geschichtsbild war am Anfang dieses Jahrhunderts noch weit verbreitet. So schrieb etwa Friedrich Meinecke in der Einleitung zu seinem "Zeitalter der deutschen Erhebung" 1906: "Deutschland ist nicht auf der geistigen Höhe geblieben, die es durch Goethe und Kant erreicht hatte. Die unmittelbare Genialität, die sich mit dem Zentrum der eigenen Innerlichkeit in das Zentrum der Welt, der Natur und des Menschendaseins zu setzen vermochte ... - sie hat von Stufe zu Stufe nachgelassen"[136]. Holsteins Greifswalder Kollege, der Rechtshistoriker und Rechtsphilosoph Walther Schönfeld, sah in der historischen Rechtsschule den Höhepunkt der Rechtswissenschaft. 1931 schrieb er über die Zeit des Idealismus: "Das wird man als Jurist mit Stolz und auch mit leisem Schmerz sagen - ist die große

135 Schleiermacher, S. 116 f.

136 Friedrich Meinecke, Das Zeitalter der deutschen Erhebung, Göttingen, 6. unveränd. Aufl. 1957, S. 3 f.

Zeit der Rechtswissenschaft, ist ihr Weltentag, da sie 'Epoche machte' und 'herrschte' unter ihren Schwestern, was sich in dieser Weise schwerlich wiederholen wird. Insofern sind wir Erben"[137].

Fast zwangsläufig schließt sich an ein solches Geschichtsbild die Forderung an, die Zeit des Idealismus wieder aufleben zu lassen. Natürlich wußte auch Holstein, daß sich das Rad der Zeit nicht aus den zwanziger Jahren in das Zeitalter des Idealismus zurückdrehen ließ. Aber er sah, gerade weil die Weimarer Republik von Krise zu Krise schlitterte, einen Ausweg nur noch in einem Wiederaufleben des idealistischen Denkens.

b. Holstein bezeichnet seine "Geschichte der Staatsphilosophie", und das kann man auch auf die übrigen staatsphilosophischen Schriften beziehen, als eine Ideengeschichte. "Die Totalität der staatsphilosophischen Ideengeschichte ist nichts anderes als die Totalität der geistigen Erfassung derjenigen staatlichen Grundfragen, die in der Geschichte der Menschheit eine Rolle gespielt haben. ... Insofern ist das Gesamtgefüge dieser Ideengeschichte zugleich auch schon ein System der Staatsphilosophie[138]."

Die Ideengeschichte hat bei Holstein eine gegenüber der Ereignisgeschichte überragende Bedeutung. Holstein sieht das Bewegende in der Geschichte nicht im Faktischen, sondern im Geistigen, in den Ideen: "Denn was in der Geschichte wirkt, das sind nichts anderes, als die großen Geistesmächte, die sie tragen, und indem sie gestaltend auf uns wirken, wirken sie in die Geschichte hinein[139]." Oder an anderer Stelle: "Nicht das politische Bild einer konkreten historischen Ereignisgruppe, die im Rahmen des Ganzen doch nur Episode bleibt, sondern die geistigen Grundlinien einer Epoche, Geschichte als Kampfplatz geistiger Mächte, Geschichte als Ideengeschichte sind das, was es zu erfassen gilt ... Denn nur dann sieht man, wie sich eine ganz bestimmte geistige Situation ergab, die in charakteristischer Weiterwirkung der ethischen Elemente des ursprünglichen ... Ansatzes ihren Sinn und Gehalt an neuen Problemgruppen schöpferisch entfaltete und damit zugleich den Weg zu einem neuen und umfassenden Gesamtbild politischer Sittlichkeit bahnte"[140].

---

137 Walther Schönfeld, Günther Holstein, in: Logos 20 (1931) 286, 288.

138 Staatsphilosophie, Einleitung. Es ist daher zulässig, wenn man, wie hier, aus Holsteins philosophiegeschichtlichen Schriften sein systematisches staatsphilosophisches Denken ableitet.

139 Staatsphilosophie, Einleitung.

140 Luther, S. 8.

Die Betonung der Ideengeschichte ermöglicht es Holstein, geistige Zusammenhänge in der Geschichte zu erkennen und dadurch Sinndeutungen für einzelne historische Entwicklungen zu geben. Durch diese Methode kann er besonders eindrucksvoll die Entstehung juristischer Institutionen beschreiben und damit auch ihre gegenwärtige Funktion deuten. Die erkenntnistheoretische Legitimation dieser Methode kann Holstein jedoch nicht liefern und so bleiben seine historischen Linien, so interessant und originell sie auch sein mögen, oft spekulativ.

III. Organismus

So ist auch Holstein Beschäftigung mit dem Organismusgedanken bei Schleiermacher keine rein begriffsgeschichtliche Studie. Holstein wollte den Organismusbegriff für ein systematisches Staatsdenken im zwanzigsten Jahrhundert fruchtbar machen. Der Organismusbegriff sollte nicht bloß ein Begriff der Philosophiegeschichte sein. Holstein sah in ihm vielmehr auch für das 20. Jahrhundert die treffendste Charakterisierung des Staates[141]. Damit war er der einzige bedeutendere Staatsrechtler, der nach Kaufmanns Schrift "Über den Begriff des Organismus in der Rechtslehre des 19. Jahrhunderts" aus dem Jahr 1908 in Weimarer Zeit wieder auf den Organismusbegriff zurückgriff[142]. Allerdings hat Holstein diesen Gedanken vor seinem Tod nicht weiter ausführen können[143]. Man ist daher auf Vermutungen angewiesen. In drei Richtungen dürfte Holstein gedacht haben.

1. Das Wesen des Staates

Zum einen wollte er bewußt Fragen aufwerfen, die über ein rein positivistisches und zweckhaftes Staatsdenken hinausweisen. Holstein gab sich nie zufrieden mit der schlichten Formel, der Staat ist für die Menschen da[144]. Diese Formel sugge-

---

141 Gegenüber R. Smend kritisiert Holstein, daß dieser den Organismusbegriff abwertend verwendet. Holstein nennt den Organismusbegriff dagegen den "noch nicht ersetzten Zentralbegriff" der Staatslehre. In: Besprechung von R. Smend: Verfassung und Verfassungsrecht 1928, Sp. 1373.; Staatsleistungen, S. 168.

142 O. Koellreutters entwickelte seine Theorie einer nationalsozialistischen 'organischen Volksordnung'erst 1939. (Grundfragen unserer Volks- und Staatsgestaltung, in: Grundfragen der deutschen Politik, hrsg. v. Paul Meier-Benneckenstein, Berlin 1939, Bd. 1, S. 103); vgl. dazu auch E. W. Böckenförde, Art. Organ S. 617.

143 Holstein plante den Organismusgedanken in seiner 'Geschichte der Staatsphilosophie' eingehender zu behandeln.

144 Schleiermacher, S. 59.

riert, was Holstein für grundfalsch hält, daß der Mensch überhaupt losgelöst von einem Staat denkbar ist und umgekehrt. Außerdem setzt diese Formel den Staat als bereits existierend voraus, um ihn überhaupt mit einem menschlichen Zweck ausstatten zu können. Holstein fragt dagegen gerade, was dieser Staat selbst ist. Er gibt sich auch nicht zufrieden mit dem erkenntnistheoretisch sehr leicht zu begründenden Einwand der Begrenztheit menschlichen Wissens über das Wesen des Staates[145]. Holstein versucht durch den Organismusbegriff, die "naturhafte Seite des Staates", seine "unmittelbare Gegebenheit als Lebensgröße und politischer Gesamtkörper" zu erklären[146].

2. Organismus und Rechtsstaat

Holstein verstand den Organismus als einen metajuristischen, also dem Recht vorgegebenen Begriff. Die Vorstellung des Staates als Organismus verdeutlicht also, daß der Staat kein Produkt des Rechts ist, sondern Kriterium, kritische Instanz des Rechts sein soll. Inhaltlich vermag der Organismusbegriff eine doppelte Begrenzung des Rechtsstaates sowohl gegen einen einseitigen Individualismus als auch gegen einen überzogenen Kollektivismus. Der Rückgriff auf das Wesen des Staates sollte Orientierungs- und Maßstabfunktion für die Schaffung neuen und die Anwendung bestehenden Rechts leisten.

3. Das Problem der Einheit des Staates

Das praktische Problem, welches Holstein mit dem Organismusbegriff zu lösen suchte, war das Problem der Einheit des Staates von Weimar. Die staatliche Einheit war eines der zentralsten staatsrechtlichen Probleme in der Weimarer Zeit. Holstein beklagte immer wieder die krisenhafte, geistige und parteipolitische Zerrissenheit der Weimarer Republik. Der Organismus sollte dagegen jedem Menschen einen festen Platz und eine angemessene Aufgabe im Staat zuweisen. Der Organismus sollte ein positives Staatsverständnis des Bürgers begründen und ihn so zur Mitwirkung und nicht zur Bekämpfung des Staates bewegen. Umgekehrt sollte der Staat sein Handeln an den Belangen der Individuen ausrichten.

In der Hervorhebung des Problems der Einheit des Staates und bei dem Versuch,

---

145 Holstein erkennt sehr genau die erkenntnistheoretischen Probleme des Organismusbegriffs und bezeichnet deshalb die "Nachwirkung einer verfehlten pseudonaturwissenschaftlichen Organologie" als "rechten Unfug". (Besprechung: Rudolf Smend, Verfassung und Verfassungsrecht, Sp. 1737).

146 Staatsleistungen, S. 167.

dieses Problem durch einen Rückgriff auf vorrechtliche Größen zu lösen, stand Holstein in der Weimarer Staatsrechtslehre nicht allein. C. Schmitt definierte den Staat sogar als die politische Einheit eines Volkes[147]. Die Leistung eines Staates sah er darin, Gegensätze innerhalb seiner selbst zu relativieren und dadurch Konflikte bis hin zu einem Bürgerkrieg zu verhindern[148]. Zur Sicherung der auseinanderstrebenden Einheit des Weimarer Staates griff auch C. Schmitt auf eine dem Recht vorgegebene Größe zurück, nämlich auf die konkrete Entscheidung des Verfassunggebers. Durch diesen Rückgriff auf die vorverfassungsgesetzliche Entscheidung des Verfassunggebers, die ihrerseits im Verfassungsgestz juristisch vollziehbar ist, suchte C. Schmitt dem Staat von Weimar einen festeren Halt zu geben[149].

R. Smend versuchte angesichts der scharfen weltanschaulichen Gegensätze in der Weimarer Republik, wieder einen verbindlichen Sinn und Inhalt des Staates zu gewinnen[150], um so die Einheit des Staates zu sichern. Dazu entwickelte er seine Integrationslehre. Die Verfassung sollte danach eine dynamische Integrationsfunktion haben. Durch die Aufnahme gemeinsamer Kulturwerte sollte sie die Bürger zu einer Einheit integrieren. Der Staat war dabei für R. Smend kein statisches Wesen zur Verwirklichung außer ihm liegender Zwecke, sondern der Staat ist überhaupt nur existent in der Wirklichkeit, sofern er sich dauernd integriert und dadurch kontinuierlich die staatliche Einheit neu schafft.

Im Gegensatz zu diesen mehr systematischen Ansätzen argumentierte Holstein stärker historisch. Er versuchte, die gemeinsame Geistesgeschichte als verbindende und einheitsstiftende Grundlage herauszuarbeiten. Der Organismusbegriff sollte als Inbegriff christlich-idealistischen Staatsdenkens dazu beitragen.

---

147 C. Schmitt, Verfassungslehre S. 3, 125; ders.:Der Begriff des Politischen, S. 20.

148 C. Schmitt, Der Begriff des Politischen, S. 32; ders.: Hugo Preuss, S. 26, Anm. 1.

149 Vgl. E. W. Böckenförde, Geschichtliche Entwicklung und Bedeutungswandel der Verfassung, S. 49 f.; ders.: Der Begriff des Politischen als Schlüssel zum staatsrechtlichen Werk Carl Schmitts, S. 346 ff.

150 R. Smend, Verfassung und Verfassungsrecht, Erster Teil: Staatstheoretische Grundlagen; M. Friedrich, Rudolf Smend 1882-1975, AöR 112 (1975) 11.

Drittes Kapitel

Staatsrecht

A. Überblick über Holsteins staatsrechtliche Schriften

Holstein wurde im Jahre 1920 bei Erich Kaufmann mit einer Arbeit über "Die öffentlich-rechtliche Eigentumsbeschränkung" promoviert[151]. Das Rechtsinstitut der öffentlich-rechtlichen Eigentumsbeschränkung geht auf Otto Mayer[152] zurück[153]. Es handelt sich dabei um einen entschädigungslos hinzunehmenden, ohne gesetzliche Grundlage ergehenden Eingriff in das Eigentum durch die Verwaltung. Otto Mayer dachte dabei zum Beispiel an die Anbringung eines Straßennamensschildes, eines öffentlichen Briefkastens oder die Befestigung eines Straßenbahnkabels an eine privaten Hauswand. Diese Rechtsfigur ist von der Praxis und dem Gesetzgeber nie übernommen worden. Holsteins Arbeit ist eine detaillierte und ablehnende Auseinandersetzung mit Otto Mayer[154].

1923 veröffentlichte Holstein eine rechtsvergleichende Arbeit mit dem Titel: "Die Theorie der Verordnung im französischen und belgischen Verwaltungsrecht".

Am bekanntesten unter Holsteins staatsrechtlichen Schriften dürften seine zwei methodischen Arbeiten sein: "Von Aufgaben und Zielen heutiger Staatsrechtswissenschaft" und die Greifswalder Universitätsrede "Reichsverfassung und Staatsrechtswissenschaft" aus den Jahren 1926 und 1929.

Besonders eingehend befaßte sich Holstein mit Schul- und Hochschulfragen: Im Jahre 1926 erschien im AöR der Aufsatz "Elternrecht, Reichsverfassung und Schulverwaltungssystem", der 1931, nach Holsteins Tod, auch als selbständige Schrift veröffentlicht wurde. 1928 schrieb Holstein zwei Gutachten über kirchliche Privatschulen[155]. Aus dem Hochschulrecht sind das Gutachten über den "Selbstverwaltungsschutz der Verfassungen und die Greifswalder Universitätsgüterverwaltung" (1925) sowie der Aufsatz "Hochschule und Staat" aus dem Jahre 1930 zu

---

151 Veröffentlicht im Jahre 1921.

152 Otto Mayer (1846-1924), Professor für Verwaltungsrecht in Straßburg und Leipzig.

153 Otto Mayer, Deutsches Verwaltungsrecht Bd. 2, 2. Aufl. 1914, S. 221 ff.

154 Vgl. die Besprechung durch Otto Mayer, in: AöR 42 (1922) 381-384.

155 "Die Rechtsgrundlagen des Privatschulwesens" und "Können Religionsgesellschaften als Körperschaften des öffentlichen Rechts Unterhaltsträger für private Schulen sein?".

nennen.

1929 schrieb Holstein zwei kleinere Gutachten mit dem Titel "Fideikommißauflösung und Reichsverfassung"[156], die Ausführungen zu der Eigentumsgarantie der WRV enthalten.

Das Staatskirchenrecht hat Holstein leider nie umfassend und systematisch dargestellt. Es existieren nur Untersuchungen zu Spezialproblemen: "Die beamtenrechtlichen Normen der Reichsverfassung und die Stellung der Geistlichen und Kirchenbeamten" (1927), "Über die Rechtsgrundlagen der Staatsleistungen an die evangelischen Landeskirchen Deutschlands" und "Enteignungsrecht an Friedhöfen" (jeweils 1930).

Dieser Überblick verdeutlicht schon, daß Holstein sich auf dem Gebiet des Staatsrechts nur in Form von Aufsätzen zu einzelnen Detailfragen geäußert hat. Ein umfassenderes Werk, welches mit R. Smends 'Verfassung und Verfassungsrecht' oder mit C. Schmitts 'Verfassungslehre' vergleichbar wäre, hat Holstein nicht geschaffen. Gegenüber Rudolf Smend äußerte Holstein einmal, daß er die Zeit für größere systematische staatsrechtliche und staatstheoretische Arbeiten noch nicht für gekommen hielt. Er glaube "nur an die Möglichkeit monographischer Arbeit, die mit der Herausstellung des überkommenen Erbguts den Sinn einer Gegenwart und Zukunft herauszustellen hätte, die berufen wären, Antithese und Synthese dieser geschichtlichen Thesis zu sein[157]".

B. Rechtsidealismus und "Geisteswissenschaftliche Methode"

I. *"Von Aufgaben und Zielen heutiger Staatsrechtswissenschaft"*

Die Münsteraner Staatsrechtslehrertagung 1926

Die Revolution von 1918/19 brachte den fundamentalen Wandel vom Kaiserreich zur ersten deutschen Demokratie. Deutschland erhielt erstmalig eine demokratische Verfassung mit einem ausführlichen Grundrechtskatalog. Trotz dieses gewaltigen Umschwunges änderte sich die Staatsrechtswissenschaft zunächst wenig[158]. Die "herrschende Meinung" der Staatsrechtswissenschaft blieb einem strengen juristi-

156 Veröffentlicht im Jahre 1930, siehe Literaturverzeichnis.

157 R. Smend, Nachruf, AöR 59 (1931) 3 f. Holstein betonte in diesem Zusammenhang die besondere Aufgabe der Kriegsteilnehmergeneration.

158 Vgl. Dieter Grimm, Die Deutsche Staatsrechtslehre, 303 f.; zur positivistischen Methode ausführlich: K. Rennert, Die geisteswissenschaftliche Richtung S. 23 ff.

schen Positivismus verhaftet, der alle politischen und sozialen Elemente aus der Rechtsbetrachtung ausschied. Leitbildfunktion hatte weiterhin die von Paul Laband[159] schon im Kaiserreich aufgestellte Forderung: "Die wissenschaftliche Aufgabe der Dogmatik eines bestimmten positiven Rechts liegt ... in der Konstruktion der Rechtsinstitute, in der Zurückführung der einzelnen Rechtssätze auf allgemeine Begriffe und andererseits in der Herleitung der aus diesen Begriffen sich ergebenden Folgerungen"[160]. Gerhard Anschütz[161], der große Kommentator der Preußischen Verfassung kommentierte nun in gleichem Stil und in ähnlicher Zielsetzung die Weimarer Verfassung. Die Verwaltungsrechtswissenschaft wurde weiterhin durch Otto Mayers Lehrbuch geprägt, welches mit dem berühmt gewordenen Ausspruch begann: "Verfassungsrecht vergeht, Verwaltungsrecht besteht"[162].

Erst in den zwanziger Jahren erhob sich eine allerdings wenig einheitliche Gruppe von Wissenschaftlern, die das öffentliche Recht ohne Preisgabe der Wissenschaftlichkeit wieder für Zwecküberlegungen und Realitätsanalysen öffnen wollte[163] und damit einen Methoden- und Richtungsstreit entfachte[164]. Holstein nahm die im Jahre 1926 in Münster stattfindende vierte Tagung der 1922 gegründeten Vereinigung der deutschen Staatsrechtslehrer zum Anlaß auf diesen Streit einzugehen. Die Teilnehmer der Tagung stellten die Creme der deutschsprachigen Staatsrechtslehrer dar. Anwesend waren unter anderen: Gerhard Anschütz, Hermann Heller, Günther Holstein, Hermann Isay, Walter Jellinek, Erich Kaufmann, Hans Kelsen, Fritz Freiherr Marschall v. Bieberstein, Hans Nawiasky, Carl Schmitt, Rudolf Smend, Richard Thoma und Heinrich Triepel. Das in Münster diskutierte verfassungsrechtliche Thema lautete: Die Gleichheit vor dem Gesetz im Sinne des Art.109 WRV[165]. Die beiden Referenten waren Erich Kaufmann und Hans Nawiasky. In einem umfangreichen Aufsatz mit dem Titel "Von Aufgaben und Zielen heutiger Staats-

---

159 Paul Laband (1838-1918), Professor für Staatsrecht in Königsberg und Straßburg. Autor des Hauptwerkes über das Staatsrecht des zweiten deutschen Kaiserreichs.

160 Paul Laband, Das Staatsrecht des Deutschen Reiches, Bd. 1, Vorwort, 1. Aufl. 1876, 2. Aufl. 1887; zu Paul Laband: Walter Wilhelm, Zur juristischen Methodenlehre im 19. Jahrhundert. Die Herkunft der Methode Paul Labands aus der Privatrechtswissenschaft; M. Friedrich, Paul Laband und die Staatsrechtswissenschaft seiner Zeit, AöR 111 (1986) 197-218.

161 1867-1948, Professor für Staatsrecht in Tübingen, Heidelberg und Berlin.

162 Otto Mayer, Deutsches Verwaltungsrecht, Bd. 1., 3. Aufl. 1924, Vorwort.

163 Dieter Grimm, Die Deutsche Staatsrechtslehre, 304.

164 Über die Staatsrechtslehre der Weimarer Zeit vgl.: Manfred Friedrich, Der Methoden- und Richtungsstreit; aus politologischer Sicht vgl.: K. Sontheimer, Antidemokratisches Denken in der Weimarer Republik.

165 VVdStL 3, Berlin 1927.

rechtswissenschaft"[166] besprach Holstein die Tagung. Allerdings handelt es sich hierbei nicht um die gewöhnliche Besprechung einer Tagung. Der Titel, der Umfang von vierzig Seiten und die Veröffentlichung an erster Stelle der Abhandlungen eines Heftes der renommiertesten Fachzeitschrift, unterstreichen den Stellenwert, den die Herausgeber des AöR, unter ihnen Holstein selbst, diesem Aufsatz beigemessen haben[167].

Holstein beginnt mit einer ausführlichen Wiedergabe der beiden Referate von Kaufmann und Nawiasky und schreibt dazu: "Dem 'Idealisten' und 'Naturrechtler' (=Kaufmann) stellte sich der 'Skeptiker' und 'Positivist' (=Nawiasky) entgegen; war jenem Recht und Gesetz in bestimmter Beziehung eine Einheit, so schieden sich hier beide Größen voneinander; erschien dort das Recht als das Prius, an dem das Gesetz gewisse größere und kleinere, zumeist aber nur kleinere Veränderungen vornehmen kann, so wurde hier das Gesetz selbst als das Prius genommen, aus dem das Recht erst abgelesen werden muß. Das muß selbstverständlich eine geschlossene andere Methode der Rechtsinterpretation geben, und es war keiner der kleinsten geistigen Reize der Münsterer Tagung, die Gegensätzlichkeit möglicher Rechtsbetrachtungen einmal in dieser Reinheit und mit solcher Ausdruckskultur einander gegenübergestellt zu sehen"[168]. Das Hauptgewicht seiner Besprechung legt Holstein dann auf den Versuch, die "allgemeine geistige Situation der Tagung"[169], das "Ringen um letzte und tiefste Wesensprobleme staatsrechtlicher Wissenschaft und rechtsstaatlichen Handlungswillens"[170] nachzuzeichnen.

II. Krisendenken bei Holstein und Kritik des Positivismus

Holstein konstatiert zunächst, daß sich die Weimarer Staatsrechtslehre in einer Krise befinde[171]. Die Ursachen dieser Krisis sieht er, wie bereits erwähnt, nur vordergründig in den vielfältigen Umwälzungen, die Krieg, Versailler Vertrag und Revolution hervorgerufen haben. Die tiefere, eigentliche Ursache der Krisis sieht er im Geistigen, in der Abkehr vom deutschen Idealismus.

---

166 AöR 11 (1926) 1-40.

167 Darauf wies schon M. Friedrich hin: Der Methoden und Richtungsstreit, 190 f.

168 Aufgaben und Ziele, S. 12.

169 Aufgaben und Ziele, S. 25.

170 Aufgaben und Ziele, S. 1.

171 Aufgaben und Ziele, S. 26; Hermann Heller veröffentlichte 1926 einen Aufsatz mit dem Titel "Die Krisis der Staatslehre"; R. Smend gab dem ersten Kapitel seiner Schrift "Verfassung und Verfassungsrecht" den Titel: Die Krise der Staatsrechtslehre.

Auch die Krise der Staatsrechtslehre sei Teil dieser großen "Weltanschauungskrise"[172], die durch das Aufkommen des Positivismus im 19. Jahrhundert entstanden sei. Die Krise habe die juristische Wissenschaft in zwei Lager gespalten. Die Positivisten auf der einen Seite und die "Vorkämpfer einer philosophisch und ethisch neufundamentierten Betrachtungsweise staatlicher Probleme" auf der anderen[173].

Die positivistische Methode sei aus den Bedingungen des Kaiserreichs und aus der Stimmung der politischen wie der geistigen Saturiertheit gewachsen. "Man fühlte sich in stabilen Verhältnissen völlig geborgen und war zugleich von der Allgemeingültigkeit der einmal erreichten gesetzestechnischen und denkmethodischen Grundposition schlechthin überzeugt. Demgemäß glaubte man sich lediglich auf die saubere begriffliche und systematische Herausarbeitung formaler Kompetenzabgrenzungen und Zuordnungen begnügen zu können und um der vermeintlichen juristischen Reinheit dieser Methode willen eliminierte man sorgfältig jede Frage nach dem politischen Sinngehalt der Verfassungsnormen oder nach deren geistigem Zusammenhang mit den großen politischen Zeitströmungen der Zeit"[174].

Oder an anderer Stelle: Die Ende des 19. Jahrhunderts "einsetzende formalistische und positivistische Richtung des Staatsrechts im Sinne einer vermeintlichen reinen Jurisprudenz" verfolgte den Grundsatz, sich "unter Verzicht auf die Herausarbeitung der geschichtlichen und geistesgeschichtlichen Zusammenhänge und damit des rechtsgedanklichen Inhalts der konkreten Rechtsinstitutionen lediglich auf die Klärung der juristisch-technischen Begriffe und ihres Systems formaler Beziehungen" zu beschränken.

Diese Deformierung der Jurisprudenz zur bloßen Technik galt Holstein als "Offenbarungseid metaphysischer Impotenz". Angesichts der Krise der Weimarer Republik stellen sich, so Holstein, mit unausweichlicher Dringlichkeit Fragen, die der Positivismus nicht beantworten kann: "Was liegt hinter dem Recht? Gibt es Rechtsprinzipien über dem Gesetzesrecht, gibt es eine überpositive Ordnung, in der jede positive Ordnung wurzeln soll und die sie verwirklichen will?"[175]Auf diese Fragen kann der Positivismus nicht nur keine Antwort geben; diese Frage stellt der Positivismus erst gar nicht. Vielmehr werden diese Probleme "mit einer leichten Handbewegung als das Hinüberwirken einer metaphysischen Mode"[176] abgefertigt oder es wird "nur lächelnd das babylonische Gewirr des Aussprechens einer Unzahl

172 Aufgaben und Ziele, S. 26.

173 Aufgaben und Ziele, S. 2 f.

174 Reichsverfassung, S. 16.

175 Aufgaben und Ziele, S. 26.

176 Aufgaben und Ziele, S. 26 f.

subjektiver und subjektivster, einander ausschließender Meinungen"[177] darin gesehen. "Sollte es hier wirklich die gebotene Haltung sein," so fragt Holstein, "wenn die Rechtswissenschaft unserer Tage auf die Weltanschauungsfragen der Zeit nicht anders als mit einem Offenbarungseid der eigenen metaphysischen Impotenz zu antworten weiß?"[178] Holstein sieht die neuen Fragen der Rechtswissenschaft in einem bewußten Zusammenhang "mit dem leidenschaftlich neu erwachten Ringen unserer Tage um die Erkenntnis letzter metaphysischer Beziehungen und letzter transsubjektiver Werte"[179]. Positivismus dagegen bedeutet letztlich ein Ausweichen vor den die Zeit bewegenden weltanschaulichen Fragen. "Man kann unserer Zeit gewiß in vielem skeptisch gegenüberstehen, aber eines verdient sie: In ihrem Kampf ernst genommen zu werden"[180]. Dieses genau tut aber der Positivismus nicht, wenn er die Fragen der Zeit aus seinem Arbeitsfeld systematisch ausschließt.

Holstein möchte, daß die Rechtswissenschaft an der "Mitarbeit an den zentralsten Problemen einer ganzen Generation"[181] teilhaben soll. Zwar sei die Wissenschaft durch die Schule Kants gegangen und wisse von den Grenzen des eigenen Erkennens. Aber die faustische Frage: "Daß ich erkenne, was die Welt im innersten zusammenhält", dürfe nicht aus der Jurisprudenz ausgeklammert werden, soll diese nicht aus der Reihe der Geisteswissenschaften gestrichen und zur bloßen Technik deformiert werden[182]. "Auch auf anderen Gebieten stellt sich der von der Wissenschaft zu erfassende und bearbeitende Tatbestand zunächst nicht anders dar - ja sie hat je und je ihre eigentlichste Aufgabe darin gefunden, den unendlichen Weg vom scheinbaren Chaos der Lebenserscheinungen zu dem ihn bedingenden Kosmos von Prinzipien, Gesetzen, Verbundenheiten zu gehen"[183]. Die faustische Frage und damit letztlich die Frage: 'Was ist Recht?' und: 'Was liegt hinter dem Recht?' sei daher eine genuin juristische Frage. Ihr könne keiner ausweichen, dem es um ernsthafte Besinnung auf die Voraussetzung seines eigenen Denkens gehe. Holstein ist sich bewußt, daß er keine Gerechtigkeitsformel bieten kann. Er weiß, daß damit nicht alle Probleme gelöst sind[184]. Sondern: "Es ist zunächst nur ein dunkles Gefühl, das zum guten Teil, nicht immer, die Konsequenzen des Rechtsformalismus

---

177 Aufgaben und Ziele, S. 27.
178 Aufgaben und Ziele, S. 27.
179 Aufgaben und Ziele, S. 26.
180 Aufgaben und Ziele, S. 27.
181 Aufgaben und Ziele, S. 27.
182 Aufgaben und Ziele, S. 28.
183 Aufgaben und Ziele, S. 27.
184 Aufgaben und Ziele, S. 34: Holstein zitiert hier zwar Kaufmann, will aber dessen Position wohl übernehmen.

abbog; jetzt aber kommt es darauf an, diese Dinge wissenschaftsmethodisch zu voller Klarheit zu bringen"[185]. Aber: "Man kann die Frage nach der Rechtsidee nicht abtun, wenn man ... ihr die skeptische Gegenfrage stellt: "Was ist Gerechtigkeit?" und sie so in die Nachbarschaft der Pilatusfrage "Was ist Wahrheit?" bringt. Eine gefährliche Nachbarschaft - , denn eben diese Frage des römischen Richters schlug den Gerechten ans Kreuz; der Gerechtigkeitsfrage aus dem Weg gehen, heißt noch immer dem entschlossenen Unrechtswillen kampflos das Feld räumen und so selber an dessen Sieg schuldig zu werden"[186].

Holstein hat die von ihm aufgeworfenen Fragen nicht abschließend behandelt. Im folgenden können daher nur einige, in seinem Werk verstreute Ansätze zusammengetragen werden. Die Gefahr einer Überinterpretation der einzelnen von Holstein selbst nicht systematisierten Textstellen soll dadurch gemindert werden, daß Holstein viel selbst zu Wort kommen wird. Man kann die von Holstein angesprochenen Fragen in drei Themenkreise einteilen, die Frage nach dem Naturrecht (III.), die Frage nach der Methode der juristischen Wissenschaft (IV.) und das Problem der ethischen Bewältigung des Relativismus (V.).

III. Naturrecht und Rechtsidealismus[187]

a. Holstein bezeichnet die von ihm beschriebene Wendung gegen den Positivismus im Bereich der Rechtswissenschaft als Rechtsidealismus[188]. Der Rechtsidealismus gehe davon aus, "daß die Welt der hinter dem positiven Recht liegenden Prinzipien, Ideen und Werte nicht minder real sei, als das positive Recht"[189].

---

185 Aufgaben und Ziele, S. 34.

186 Aufgaben und Ziele, S. 34.

187 Eine umfassende Darstellung des Naturrechtsproblems hat Holstein nicht geschrieben. Vgl. die Formulierungen in der umfangreichen 'Naturrechtsfußnote': Elternrecht, S. 201 ff. Fn. 34, und die Formulierung im Text S. 201. Die Naturrechtsproblematik bei Holstein hat bereits K. Rennert ausführlich dargestellt (Die geisteswissenschaftliche Richtung S. 286 ff.) Hierauf kann weitgehend verwiesen werden, so daß das folgende kurz gehalten werden kann. Allerdings sind gegenüber K. Rennert drei Enwände zu machen: 1. Rennert trennt nicht genügend zwischen Holsteins eigener Meinung und den von Holstein dargestellten Autoren. 2. Der Unterschied von Kirchenrecht und staatlichem Recht wird übersehen. 3. Insgesamt hat Rennert eine Überinterpretation der bei Holstein nur verstreut vorhandenen Äußerungen über den Rechtsbegriff und Naturrecht vorgenommen.

188 Aufgaben und Ziele, S. 29.

189 Aufgaben und Ziele, S. 29; auch: Elternrecht, S. 201.

Rechtsidealismus sei somit das "Wissen von einer höheren Ordnung"[190]. Recht muß "geistig und moralisch in dieser höheren Ordnung wurzeln"[191]. Recht ist damit für Holstein erfüllte Form ethischer Inhalte, es ist Gestaltwerdung einer Idee. "Alle Zielsetzungen und Methoden des Rechtsidealismus drängen in letzter Konsequenz auf die Frage nach der zentralen Rechtsidee, auf die Frage nach der Gerechtigkeitsidee hin"[192]. Dem positiven Recht stellt Holstein also eine metajuristische Instanz, die Gerechtigkeitsidee gegenüber.

Der Rechtsidealismus unterscheide sich aber von dem Naturrecht klassischer Prägung dadurch, daß er durch die Denkschule des deutschen Idealismus hindurchgegangen sei[193]. Die Vorstellung eines überpositiven zweiten Normensystems, eines Systems von Rechtssätzen mit unmittelbar geltender Kraft auch gegenüber dem positiven Recht sei nicht mehr haltbar, wie auch der Gedanke, daß dieses überpositive Recht zu allen Zeiten und an allen Orten identisch sei[194]. Dagegen gelten, so Holstein, "Leitgedanken und Ideengehalt des alten Naturrechts, insbesondere die Auffassung, daß alles Recht irgendwie der Verwurzelung in einer übergeordneten Geistestotalität und einem daraus resultierenden System tragender rechtlich-ethischer Grundgedanken bedarf" fort, wenn auch nur "in prinzipieller, durch jene kritischen Bedenken bedingten Umformung und Neugestaltung"[195].

Wie sieht nun das Verhältnis von Rechtsidee und positivem Recht im einzelnen aus? "Alles positive Recht und jede einzelne Regelung fließt zwar aus der sie tragenden Rechtsidee und wird bedingt durch sie; aber jede einzelne Positivierung der Rechtsidee erhält ihre besondere Struktur und individuelle Gestalt gerade durch die konkreten Umstände, innerhalb deren und mit denen sie sich positiviert"[196]. Die Rechtsidee selbst kommt also nicht unmittelbar zur Anwendung. Sie enthält keine unmittelbar verpflichtenden Rechtssätze. Sie bedarf erst der Konkretisierung durch das positive Recht[197]. Es handelt sich also um eine "Welt von Gedanken und Geboten, Prinzipien und Richtmaßen, die, um konkret anwendbare, rechtsentscheidende Normen zu werden, erst der Präzisierung und Individualisierung bedürfen. ... Die Individualisierung macht jene weltgestaltenden und welterhaltenden

---

190 Aufgaben und Ziele, S. 29.

191 Aufgaben und Ziele, S. 29.

192 Aufgaben und Ziele, S. 33.

193 Elternrecht, S. 203, Fn. 34; Aufgaben und Ziel, S. 29.

194 Elternrecht, S. 201 ff.; S. 202, Fn. 34.

195 Elternrecht, S. 201.

196 Grundlagen, S. 314.

197 Grundlagen, S. 345.

göttlich-ethischen Imperative und Normgedanken zu Rechtssätzen"[198].

Diese Konkretisierung begreift Holstein als Dualismus von Rechtsidee und konkreter Rechtsnorm. Anders als das klassische Naturrecht, das zwei streng voneinander getrennte Rechtssysteme gekannt habe, will Holstein Rechtsidee und Rechtswirklichkeit als die beiden Pole einer einheitlicher Seinswirklichkeit, nämlich des konkreten Rechtssystems verstehen[199]. Holstein beruft sich auf F. J. Stahl, wenn er schreibt, daß aller Rechtsbildung ein doppeltes Moment innewohne, ein göttlich Notwendiges, nämlich das Naturrechtliche, und ein menschlich Freies, das Positive. Beide durchdringen sich ohne Abgrenzung in untrennbarer Einheit[200].

b. Der Rückgriff auf eine vorrechtliche Größe zur Konkretisierung des Rechts tauchte bereits in Holsteins Staatsphilosophie auf[201]. Dort wurde einem besonderen Rechtsgebiet, dem Staatsrecht der vorrechtliche Begriff des Organismus gegenübergestellt. Holstein hat auch für das Elternrecht[202] und das Hochschulrecht[203] versucht, durch historisch-geistesgeschichtliche Untersuchungen vorrechtliche Größen zu gewinnen, die Auslegungshilfen und Rechtsforbildungsansätze für das Recht geben sollten. Der Dualismus von Rechtsidee und positivem Recht beschreibt den nämlichen Vorgang auf der allgemeinen Ebene. Dem positiven Recht steht die allgemeine Rechtsidee gegenüber.

c. Mit der Figur der Konkretisierung des positiven Rechts aus der Rechtsidee versucht Holstein das Phänomen des Rechtswandels zu erklären. Der konstant vorgestellten allgemeinen Rechtsidee stehe eine sich stets verändernde Wirklichkeit gegenüber. Dadurch bleibt die Konkretisierung der Rechtsidee in positives Recht eine immer wieder neu vorzunehmende Aufgabe der Gerichte und des Gesetzgebers[204].

Es können aber, so Holstein, insbesondere in Krisenzeiten Situationen auftreten, die zu ihrer juristischen Bewältigung neue Ideen verlangen. In diesem Falle erfolge die Weiterentwicklung des positiven Rechtsbestands durch Aufnahme neuer Rechts-

---

198 Elternrecht, S. 204; zu dem Begriff des Rechtsgrundsatzes: Grundlagen, S. 338.

199 Elternrecht, S. 205.

200 F. J. Stahl, Philosophie des Rechts, II. 2, 220.

201 Oben S. 37.

202 Elternrecht, S. 206, auch S. 188, 237 f.

203 Hochschule und Staat S. 127.

204 Grundlagen, S. 345 f.

ideen[205]. Holstein meint hier wohl konkrete Rechtsideen im Gegensatz zu der zuvor als konstant beschriebenen allgemeinen Rechtsidee, der Gerechtigkeitsidee.

IV. Die "geisteswissenschaftliche" Methode

"Die inhaltliche Wendung vom Rechtspositivismus zum Rechtsidealismus" ist für Holstein "gleichbedeutend mit der Wendung von der begrifflichen Formalistik zur geisteswissenschaftlichen Methode"[206]. Holstein betont damit den Zusammenhang von Rechtsphilosphie und Methodenlehre. Rechtsphilosophie und juristische Methode bedingen sich gegenseitig. Ein Wandel der Rechtsphilosphie vom Positivismus zu Rechtsidealismus macht auch einen Wechsel von der positivistischen Methode zur geisteswissenschaftlichen Methode erforderlich.

Den Begriff der "geisteswissenschaftliche Methode" führt Holstein mit seinem Aufsatz über die Münsteraner Staatsrechtslehrertagung als erster in das juristische Vokabular ein. Kurz zuvor, auf der Münsteraner Staatsrechtslehrertagung selbst, hatte er in der Diskussion noch von einer "geistesgeschichtlichen" Methode der Jurisprudenz gesprochen[207]. Holstein hat den Begriff der "geisteswissenschaftlichen Methode" in den Rang eines Programmsatzes erhoben, den dann insbesondere Rudolf Smend aufgegriffen hat[208]. Durch diese Begriffswahl hat Holstein dem Methoden- und Richtungsstreit in der Weimarer Republik erst seine große Resonanz verschafft. Holsteins Besprechungsaufsatz im Archiv des öffentlichen Rechts ist zu recht "als ein Manifest" einer neuen Staatsrechtswissenschaft angesehen worden[209].

Was versteht Holstein nun unter geisteswissenschaftlicher Methode? Die geisteswissenschaftliche Methode soll die ideengeschichtlichen Zusammenhänge unserer Rechtskultur bewußt als Erkenntnisquelle für die Erfassung des positiven Rechts und die Herausarbeitung seiner tragenden Rechtsgedanken fruchtbar machen[210]. Sie soll die Jurisprudenz wieder aus der positivistischen "spezialistischen Selbstisolierung und ihrem binnenstaatlichen Solipsismus" befreien und den Gedanken der "Einheit der Geisteswissenschaften" wieder beleben. Weiter heißt es dann: "Wie der Wille zur Rechtsidee die Beziehung zur Kulturtotalität einer Zeit und eines Volkes

---

205 Grundlagen, S. 346; auch Elternrecht, S. 197.

206 Aufgaben und Ziele, S. 31.

207 VVdStL 3 (1927) 56.

208 Verfassung und Verfassungsrecht, S. 119, 121, Fn. 1, 123 ff.

209 M. Friedrich, Der Methoden- und Richtungsstreit, S. 190; Rennert, Die geisteswissenschaftliche Richtung, S. 41.

210 Aufgaben und Ziele, S. 31.

in sich schließt, so zugleich die Wendung zur Erfassung zwischenstaatlicher geistiger Zusammenhänge, sei es, um die gemeinsamen Grundlagen europäischen Rechtsdenkens zu verstehen, sei es, um die Besonderheiten gerade unserer deutschen Auffassungen und Lösungen herauszuarbeiten. Auch das (ist) vielfach von entscheidender Bedeutung für die Interpretation unseres Verfassungsrechts; es geht nicht, ... daß man auf der einen Seite den demokratischen Gedanken als Grundlage unserer Staatsorganisation rezipiert und gleichzeitig mit ihm wesensgemäß verbundene Auswirkungen auf anderen Seiten des Verfassungsrechts ablehnen will"[211].

An anderer Stelle heißt es: "In dem Maße wie die Jurisprudenz mit immanenter Notwendigkeit sich aus dem Stand des reinen Formalismus und der damit gegebenen geisteswissenschaftlichen Isolierung herausarbeitete und einen neuen Anschluß an die Totalität des allgemeinen Geisteslebens gewann," vollzog sich "in der Wertung des rechtlichen und kulturellen Systems" des Rechts eine Wandlung: "Der Weg zur theoretischen und praktischen Neuerfassung" seines ursprünglichen Sinns war frei geworden[212].

V. Relativismus bei Holstein[213]

Holstein nennt selber die Einwände gegen seine Thesen: "Ist das Problem der Rechtsidee nicht untrennbar verbunden mit der Weltanschauungsfrage?" Und: "Scheitert es nicht an der weltanschaulichen Zerrissenheit unserer Zeit und unseres Volkes?"[214] Natürlich kann Holstein nur Aspekte nennen, die das Problem einerseits erhellen und andererseits eingrenzen. Letztlich ist es der Versuch, trotz der erkannten theoretischen Unmöglichkeit den Rechtsidealismus zu begründen, und damit auch, ohne die Gerechtigkeitsfrage zu beantworten, eine an der Gerechtigkeitsidee orientierte Rechtspraxis zu ermöglichen.

Holstein setzt dem aber entgegen, daß der vermeintlich objektive Positivismus besonders wertabhängig sei. Bei der formaljuristischen Methode sei die Gefahr des Hineingleitens in subjektive soziale Beziehungen sehr groß, da die Frage materialer und ethischer Inhaltswerte überhaupt nicht gestellt werde. Eine Möglichkeit der Kontrolle scheide damit von vornherein aus. Für einen Positivisten bestehe immer die Gefahr, daß er die Jurisprudenz "zur Dirne erniedrigt, die sich dem jeweiligen Machthaber an den Hals wirft und mit der bloßen Rechtstechnik jederzeit jedes

211 Aufgaben und Ziele, S. 32.

212 Hochschule und Staat, S. 132 f.

213 Vgl. Rennert, Die geisteswissenschaftliche Richtung, S. 139.

214 Aufgaben und Ziele, S. 34 f.

beweisen könnte, wenn nicht das unmittelbare Gefühl für Reinheit und inneren Anstand den Juristen davor zurückhielten"[215]. Der Richter wird nicht zur kritischen Wertung der eigenen, unkontrollierten Gefühlsuntergründe seines Urteilsspruchs gezwungen[216]. Da sich dieses Vorverständnis nie ausscheiden läßt, fordert Holstein, daß der Richter die Interessenlagerung des konkreten Falles, sowie die "Fülle mächtiger, wirklichkeitsgestaltender Rechtsideen ... , die unsere Rechtsordnung geschaffen haben"[217] berücksichtigt und im Urteil mit der Gerechtigkeitsforderung vereinigt.

Die Subjektivität des Richters bei der Urteilsfindung soll also nicht durch Tabuisierung, sondern gerade durch Offenlegung minimiert werden. Die unbewußt in die juristische Tätigkeit einfließenden Momente aufzuarbeiten, darin sieht Holstein die Aufgabe einer rechtsidealistischen Staatsrechtswissenschaft[218]. "Dabei ist selbstverständlich, daß Forschung und Lehre es nicht nur mit reiner Feststellung und reiner Sachlichkeit zu tun haben; nicht nur, weil bestimmte Wissenschaftsgruppen in ihrer Verbundenheit mit bestimmten ethischen und metaphysischen Fragestellungen ohne Wertungen überhaupt nicht zu arbeiten vermögen ..., sondern weil auch jede Synthesis reiner Tatsachengruppen ohne Wertung unmöglich ist. Es ist freilich selbstverständlich, daß diese Wertungen aus dem immanenten Gehalt der konkreten Objekte zu entwickeln sind und insofern objektive wissenschaftliche Wertungen sein müssen, aber das bedeutet nicht Ausschaltung jeder persönlichen Wertung. Denn jede Wertung bedeutet ja auch zugleich persönliche Entscheidung, und so ist in jeder Wertung ein unaufhebbares Moment der Subjektivität gesetzt. Nicht eine unmögliche Entpersönlichung, sondern der ethische Wille zur selbsthingegebenen Wertung bewahrt das wissenschaftliche Denken vor reinem Subjektivismus"[219].

Jeglicher Methode zum Trotz bleibt daher alle juristische Tätigkeit schöpferische Tätigkeit. Dem Juristen kann die letzte sozialethische Verantwortlichkeit, die er bei der Entscheidung jedes konkreten, vor ihn kommenden Streitfalls trägt, nicht abgenommen werden[220]. Die ethische Verantwortung des Richters kann keine Methodenlehre dem Richter abnehmen. Der Richter bleibt für sein Tun "vor dem sozialen und nationalen Sein seiner Volksgesamtheit nicht nur für die Gegenwart,

---

215 Aufgaben und Ziele, S. 34, Holstein zitiert hier O. Gierke in Schmollers Jahrbüchern VII, 1196 und Laun, in AöR 1922, 148 f.

216 Aufgaben und Ziele, S. 36.

217 Aufgaben und Ziele, S. 36.

218 Aufgaben und Ziele, S. 37.

219 Hochschule und Staat, S. 134.

220 Aufgaben und Ziele, S. 36.

sondern auch für die Zukunft" verantwortlich[221]. Oder, noch etwas pathetischer formuliert: "Nie werden wir darauf verzichten, an dem Idealbild des Richters festzuhalten, der die Lösung jeden einzelnen Rechtsfalles in einer letzten geistigen und ethischen Höhe seines eigenen Seins verwurzelt weiß und um sie mit dem ganzen Einsatz seines Gewissens ringt"[222].

Holstein ist sich also bewußt, daß er keine Methode im strengen Wortsinn angeboten hat. Der Jurist kann diese Unsicherheit nur durch Offenlegung seiner Argumente und durch das Bewußtsein seiner ethischen Verantwortung bei schöpferischen Entscheidungen zu minimieren versuchen. Und wieder etwas beschwörend schreibt er: "Freilich, die Aufgabe der staatsrechtlichen Wissenschaft kann nur sein, Wege aufzuzeigen; sie zu beschreiten, dazu gehören noch andere Kräfte. Wir kommen aus der furchtbaren Verhärtung unseres politischen Lebens, die auch jeden Ansatz echten Reformwillens immer wieder im Keime ersticken wird, nur heraus, wenn wir zu einer ganz neuen ethischen Grundhaltung unseres politischen Lebens gelangen. Hier meine ich, hört die Fachwissenschaft auf und eine Aufgabe des ganzen Akademikerstandes beginnt"[223].

VI. Bemerkungen

a. Holsteins methodische Ansätze fanden in der Weimarer Republik ein gespaltenes Echo. Richard Thoma schrieb in dem Handbuch des Staatsrechts, einem Klassiker in der Republik von Weimar, über die "geisteswissenschaftliche Methode": "Wenn ... Holstein und Smend für die Staatsrechtswissenschaft eine spezifische 'geisteswissenschaftliche' Methode fordern, so ist bisher noch nicht hinreichend klargestellt worden, worin deren Besonderheit bestehen soll"[224]. Gerhard Leibholz dagegen schrieb in seinem Nachruf, Holsteins Bedeutung liege nicht nur darin, daß er "ein Verlassen der relativistisch-skeptizistischen und technisch spezialistischen Haltung gefordert hat, sondern, daß er gleichzeitig positiv neue Wege gewiesen hat. ... Völlig neue Aufgaben sind so der jüngeren deutschen Staatsrechtslehre dank der entscheidenden Mitarbeit Günther Holsteins erwachsen"[225].

---

221 Aufgaben und Ziele, S. 36 f.

222 Aufgaben und Ziele, S. 36 f.

223 Reichsverfassung, S. 19 f.

224 R. Thoma in: Anschütz/Thoma HDStR I, S. 5.; ders. in: Nipperdey, Hrsg., Die Grundrechte und Grundpflichten der Reichsverfassung, 1929, Bd. I, S. 1/11.

225 G. Leibholz, Nachruf, in: Erinnerungsheft, S. 14.

b. Das idealistische Verständnis der Geisteswissenschaften hat Holstein bei Schleiermacher kennengelernt, über den er in seinem Schleiermacherbuch schreibt: "Aus den Bedingungen des menschlichen Geisteslebens ist ein Gesamtbild der Wissenschaft gewonnen, in dem sich Naturwissenschaft und Kulturwissenschaft ... als die große ursprüngliche Zweiheit aller Gliederung gegenüberstehen". Naturwissenschaft und Kulturwissenschaft unterscheiden sich bei Schleiermacher "in ihrer entgegengesetzten Art der Stoffgegebenheiten, wie sie sich zugleich weiterhin in einer doppelten Art der Behandlungsmöglichkeit differenzieren." In beiden Wissenschaften kann man sowohl "das Dasein der Dinge erfahrungsmäßig in seinen individuellen Erscheinungsformen erfassen", als auch "in spekulativem Vordringen zum Wesen der Dinge die in ihnen waltenden Grundkräfte und ihre allgemeinen Zusammenhänge zu finden versuchen." Schleiermacher gelangt somit zu einem System aus vier Wissenschaften: Der Naturphilosophie und der Naturkunde einerseits, sowie der Kulturphilosophie und der Kulturkunde andererseits. Schließlich werden alle vier Wissenschaften im Geiste vereint: "Alle nach Gegenstand und Form verschiedenen Betrachtungsweisen aber ergänzen einander; erst in vollkommenem Zugleichsein und in vollkommener gegenseitiger Durchdringung ergibt sich das gesamte Wissen von der Welt, die Idee der Weltweisheit selber"[226].

Aufgrund der gleichen idealistisch-philosophischen Begrifflichkeit liegt es nahe, daß Holstein mit seiner geisteswissenschaftlichen Methode auch inhaltlich daran anknüpfen will, selbstverständlich ohne daß das eine vollständige Übernahme bedeutet muß.

Das gilt zunächst für den Begriff der geisteswissenschaftlichen Methode. Der Begriff "geisteswissenschaftlich" wäre nichtssagend, wenn damit allein gemeint sein sollte, daß die Rechtswissenschaft nicht die Natur, sondern einen menschlich-geistigen Erkenntnisgegenstand hat. Die Verwendung dieses Begriffes zeigt vielmehr, daß Holstein in der oben beschriebenen idealistischen Tradition steht. Auch die von Holstein so hervorgehobene These der Einheit der Geisteswissenschaften gehört, wie gezeigt, in diese Tradition. Nur so wird es auch verständlich, daß Holstein schreiben kann, "daß wir schon längst eine zu saubersten Exaktheit entwickelte ideengeschichtliche Methode haben, der sich alle Geisteswissenschaften ... bedienen"[227]. Als Beispiele nennt er die dogmengeschichtlichen Arbeiten von R. Seeberg und v. Harnack, die philosophiegeschichtlichen Diltheys, die kulturgeschichtlichen von Troeltsch sowie das rechtsgeschichtliche Werk Otto v. Gierkes.

---

226 Schleiermacher, S. 68.

227 Aufgaben und Ziele, S. 31.

Auch wenn Holstein die Beziehung von Rechtsidee und Kulturtotalität betont[228], lehnt er sich wohl nicht nur in der Terminologie an Schleiermacher an: Bei Schleiermacher gibt es vier menschliche Gemeinschaftsformen, die Gesellschaft, den Staat, die Wissenschaftsrepublik und die Kirche. Diese "vier geistigen Sphären der Menschheit (sind) in einer ständigen wechselvollen Bezogenheit aufeinander gegeben und bilden zusammen eine große Einheit, die sich eben in der Kultur als der Totalität des sittlich-geistigen Menschheitslebens offenbart." Kultur ist "Leben des Geistes, eben Leben des weltschöpferischen Geistes, der sich an und in den Menschen auswirkt, des Gottgeistes, der an und durch die Menschheit wirkt"[229].

Schließlich bedeutet der Begriff der Ideengeschichte in diesem Zusammenhang nicht eine Unterdisziplin der Geschichtswissenschaft, sondern den Gang des Weltgeistes schlechthin. Wenn Holstein die Rechtswissenschaft als Kulturwissenschaft bezeichnet, bedeutet das daher letztlich Kontaktaufnahme mit dem Weltgeist, dem Gottgeist.

c. Holsteins Methodenbegriff ist, das sei der Vollständigkeit halber gesagt, fundamental unterschieden von dem von der heutigen juristischen Interpretationslehre. Man versteht heute darunter die Frage nach den richtigen Auslegungsregeln, gemäß denen eine Norm zu interpretieren ist, wenn ihr Wortlaut bei der Anwendung auf einen konkreten Fall nicht eindeutig ist[230]. Diese Methode soll sich allein nach objektiven Kriterien richten und von der Person des Gesetzesanwenders möglichst vollständig getrennt sein. Die Frage nach der Gesetzesinterpretation ist eine notwendige Konsequenz der rechtsstaatlichen Gewaltenteilung, die eine objektive und gleiche Gesetzesanwendung fordert. Es erübrigt sich beinahe zu sagen, daß Holsteins "geisteswissenschaftliche Methode" eine moderne Interpretationslehre nicht ersetzen kann.

Holstein wollte keine Methodenlehre im heutigen Sinne schaffen. Er forderte viel grundlegender eine neue geistige Haltung für das wissenschaftliche Arbeiten wie auch für die praktische juristische Tätigkeit[231]. Der Jurist soll "die Beziehung zwischen sittlichen Imperativgedanken und geschichtlicher Formgestaltung des menschlichen Gemeinschaftslebens"[232] herstellen.

---

228 Aufgaben und Ziele, S. 32.

229 Grundlagen, S. 149, auch: Schleiermacher, S. 65.

230 Vgl. dazu K. Hesse, Grundzüge des Verfassungsrechts der Bundesrepublik Deutschland, Rz. 49; K. Larenz, Methodenlehre der Rechtswissenschaft, S. 225 ff., 226, 228.

231 so auch: H. Herrfahrdt, Nachruf, in: Erinnerungsheft S. 24.

232 Luther, S. 23 f.

In diesem Sinne hat insbesondere Holsteins oben behandelter[233] Besprechungsaufsatz der Münsteraner Staatsrechtslehrertagung von 1926 deutlichen Programmcharakter. Holstein fordert mit ihm eine Erneuerung der Rechtswissenschaft. Antipositivismus, Rechtsidealismus, geisteswissenschaftliche Methode und ethischer Relativismus, das sind die vier Kernelemente, die er für die Erneuerung der Rechtswissenschaft fordert.

Als geistige Haltung für das wissenschaftliche Arbeiten haben diese Forderungen an Aktualität bis heute nichts eingebüßt, auch wenn Holsteins Begrifflichkeit teilweise zeitgebunden ist. Anstatt von Rechtsidealismus würde man heute von einer Werthaftigkeit und Moralität des Rechts sprechen. Auch heute besteht die Gefahr, bei der sich ständig vergrößernden Flut von Gesetzen, die hinter den Gesetzen liegenden Werte zu vergessen. Anstatt des Begriffes der geisteswissenschaftlichen Methode würde man heute von Interdisziplinarität sprechen. Damit dürfte auch der Einwand widerlegt sein, Holstein huldige einem einheitlichen Methodenbegriff für alle Geisteswissenschaften[234]. Holstein wollte vielmehr darauf aufmerksam machen, daß es gemeinsame Sachprobleme aller Geisteswissenschaften gibt zu denen er auch die Rechtswissenschaft zählte.

Auch heute kann keine Methodenlehre dem Juristen die ethische Verantwortung abnehmen. Holsteins Werk bleibt damit, auch wenn es zeitgeboren und zeitbedingt ist, ein Beitrag zur Suche nach der Gerechtigkeit. Auch wenn Holsteins Leistung als Rechtsphilosoph nur begrenzt gewesen sein mag, so darf man nicht verkennen, daß er das Wagnis eingegangen ist, im deutlichen Gegensatz zu vielen anderen große und bedeutende Fragen aufgeworfen zu haben. Holsteins Leistung liegt darin, vor der geistigen Verkümmerung der juristischen Wissenschaft gewarnt zu haben. Darüber hinaus hat er die juristische Praxis trotz Fehlens einer konsensfähigen Methode an die Idee der Gerechtigkeit und an die damit untrennbar verbundene ethische Verantwortung des Juristen erinnert.

VII. Holsteins praktizierte Methode

Wurden zu Beginn dieses Kapitels Holsteins methodisch-theoretische Überlegungen dargestellt, so soll zum Abschluß versucht werden, die von Holstein tatsächlich praktizierte Methode zu charakterisieren.

Der markanteste Zug in Holsteins Untersuchungen ist der Versuch, jedes juristi-

233 Oben, S. 41 ff.

234 M. Friedrich, Der Methoden- und Richtungsstreit, AöR 102 (1977) 192 f.; ders.: Rudolf Smend, AöR 112 (1987) 10.

sche Problem von seiner geschichtlichen Entstehung her zu verstehen. Nahezu alle seine Arbeiten beginnen mit einer sehr ausführlichen historischen Erörterung. In dieser historischen Art der Stoffbehandlung steht Holstein R. Smend nah, über den Konrad Hesse so treffend schrieb, daß er immer versuchte, einen juristischen Stoff "von den geschichtlichen Wurzeln her zu entwickeln und zu durchdringen", um "auf diese Weise die volle Anschauung der konkreten Realität zu gewinnen"[235]. Dieses Urteil ist auf Holstein ebenso zutreffend.

Holstein kam es immer auf die "Darstellung des historischen Werdens"[236] eines Rechtsinstituts oder einer rechtlichen Situation an. Dabei legt Holstein seiner idealistischen Grundhaltung gemäß den Schwerpunkt auf die Geistesgeschichte. Er versucht, "den großen geistesgeschichtlichen Imperativ unserer Vergangenheit an die Aufgabe der Gegenwart heranzubringen"[237]. Er will durch die Herausarbeitung des überkommenen Erbgutes den Sinn von Gegenwart und Zukunft verständlicher zu machen. So schreibt er, "daß die Untersuchung der lex lata nicht ohne die Erörterung ihrer Beziehung zu dem ideengeschichtlichen Hintergrund vollzogen werden kann, der auf ihre Gestaltung entscheidend eingewirkt hat"[238].

Daneben betont Holstein immer wieder, daß für das Verständnis einer Norm eine genaue Kenntnis der zu regelnden Wirklichkeit erforderlich sei. Dies verdeutlicht er etwa am Beispiel der Wissenschaftsfreiheit: Die Analyse der Wissenschaftsfreiheit setzte eine genaue Kenntnis des Hochschulwirklichkeit voraus. Was das Wesen der Hochschule sei, das ergebe sich in erster Linie aus der Real- und der Geistesgeschichte. So schreibt er: "Wie überall, so liegt auch hier der Sinn des Rechts darin, Sicherung, Träger und Form eines Lebens zu sein, das in ihnen zur Entfaltung kommt; wie überall, so wird auch hier die Form des Rechts in seiner allgemeinen wie konkreten Geltung entscheidend durch die Art des Lebens bestimmt, dem es zu dienen gewillt ist"[239].

---

235 K. Hesse, In memoriam R. Smend, S. 575. Holstein steht zwischen E. Kaufmann und R. Smend. Während Smend als mehr 'erkennend' ausgerichteter Denker den nie unterbrochenen Zusammenhang der Geistesgeschichte herausarbeitete, zielte Kaufmann, als 'wollender' Denker, auf eine politisch-soziale Betrachtungsweise und drängte im Vertrauen auf überhistorische Werte zu neuen Zielen. Holstein versucht beide Ansätze miteinander zu verbinden. Er arbeitet historisch und naturrechtlich oder, um seine eigenen Begriffe zu verwenden, geisteswissenschaftlich und rechtsidealistisch. (Dieses Begriffspaar stammt von H. Kantorowicz, der es aber nicht konkret auf Smend und Kaufmann anwendete (Nachruf, Archiv für Rechts- und Sozialphilosophie 24 (1930/31) 453).

236 Staatsleistungen, S. 161.

237 Aufgaben und Ziele, S. 37.

238 Elternrecht, S. 188.

239 Hochschule und Staat, S. 127.

Auch hier interessiert Holstein besonders die *geistige* Wirklichkeit. So versucht er zu zeigen, "wie eine bestimmte Auffassung vom Wesen des deutschen Geistes die Grundlagen unseres geltenden Universitätsrechts geschaffen hat", wie "von dem damit gegebenen Boden objektiven Rechts aus das System kulturpolitischen Handelns, das zwischen Staat und Hochschule zur Vollziehung gelangt, unter ganz bestimmte Normgedanken gestellt und in ganz bestimmte Formen und Zuständigkeitsabgrenzungen eingegliedert ist"[240].

Dies führt abschließend zu einem weiteren Element "geisteswissenschaftlicher Jurisprudenz", welches Holstein darin sah, nicht nur den positiv-rechtlichen Gehalt der Verfassungsbestimmungen zu erfassen, sondern auch "eine Untersuchung über die Weiterbildungsmöglicheit und Weiterbildungsbedürftigkeit"[241] vorzunehmen.

Letzteres galt den Anhängern der positivistischen Schule als Verrat an der Exaktheit der Rechtswissenschaft, da es sich dabei um eine politische, nicht aber eine juristische Frage handele. Unter Berufung auf Triepel betont Holstein dagegen, daß auch dies zu einer wissenschaftlichen Erörterung gehöre, allerdings nur zu einer Jurisprudenz der "geisteswissenschaftlichen Wendung". Eine Erörterung de lege ferenda kann allerdings nur dann als wissenschaftlich-objektive Untersuchung gelten, wenn es ihr gelingt, "ihre Gedankengänge durch Herausarbeitung historisch-sachlicher Entwicklungstendenzen, allgemeiner Forderungen der staats- und verwaltungsrechtlichen Organisationstechnik und besonderer Tendenzen der vorhandenen politischen Interessenlagerungen mit zureichenden Gründen zu unterbauen"[242].

Der Jurist habe dabei nur den politischen Hintergrund eines juristischen Problems herauszuarbeiten und die prinzipiellen Lösungsmöglichkeiten darzustellen.

C. Ausgewählte staatsrechtliche Fragen

I. Holsteins Verfassungsverständnis

Holstein hat keine eigene Verfassungstheorie entwickelt. In einer Greifswalder Universitätsrede vom 19. August 1929 hat er sich nach eigenen Worten Heinrich Triepel, Erich Kaufmann und Rudolf Smend, sowie der ganzen "Gruppe Jüngerer, von ihnen ausgehender oder mit ihnen verbundener Forscher" angeschlossen[243].

---

240 Hochschule und Staat, S. 127.

241 Elternrecht, S. 188; auch: Hochschule und Staat, S. 136 f., 142.

242 Elternrecht, S. 243.

243 Reichsverfassung und Staatsrechtswissenschaft, S. 17.

Holstein erkannte, daß durch sie ein Wandel des Weimarer Verfassungsverständnisses eingeleitet worden ist. Sie hatten gezeigt, daß man die wirklichen verfassungsrechtlichen Probleme nur lösen kann, wenn man "die enge Verflochtenheit einer jeden Verfassungsschöpfung mit ganz bestimmten soziologischen Strömungen und Voraussetzungen" erkennt. Man kann ein Verfassungswerk nur dann verstehen, "wenn man es in seinem konkreten Funktionieren am lebendigen Leben erfaßt hat".

Dabei wird deutlich, "daß alle Verfassung politische Form ist und daß sie nie erkannt werden kann ohne die Erkenntnis der diese Form gestaltenden und zugleich wieder von ihr gestalteten Vielzahl politischer Kräfte." Auch die einzelnen Normsätze der Verfassung seien Niederschlag und Ausdruck politischer Ideen[244]. Die Verfassung darf nicht mehr statisch verstanden werden. Sie ist kein schematischer Ablauf eines Mechanismus formaler Kompetenzen. Die Verfassung ist "etwas, was sich in dynamischer Lebensfülle ständig schöpferisch neugestaltet, indem es aus allen vielfältigen Strömungen und Willenskomponenten der Volksgemeinschaft immer wieder die Einheit gesamtstaatlichen Handelns integriert"[245].

Hierbei handelt es sich um einen "geistigen Prozeß" der Integration, der zu einer "geistigen Einheit" führt. Eine solche, den Positivismus hinter sich lassende, einerseits "politisch-dynamische", andererseits "geisteswissenschaftliche oder speziell geistesgeschichtliche" Jurisprudenz vermag verfassungsrechtliche Probleme "in ihrer Sonderart zu begreifen und den konkreten zu lösenden Tatbestand exakt festzustellen". Nur so könne es gelingen, den eigentlichen Sinn der Verfassungsbestimmungen zu verstehen. Nur so werde deutlich, daß eine "Verfassung überhaupt nicht etwas einmal Gedachtes und damit Fertiges ist, sondern etwas lebendig sich Fortentwickelndes"[246]. Erst diese Betrachtungsart schaffe die Möglichkeit, die Phänomene Verfassungswandel und Verfassungsreform zu erklären.

Ob Holstein aber wirklich mit dieser Rede seine eigene Auffassung vortrug, muß bezweifelt werden. Der Tübinger Theologieprofessor D. Gerhard Kittel schrieb in seinem Nachruf auf Holstein, daß er und viele Freunde Holsteins sich gewundert hätten, warum Holstein diese Rede gehalten habe, obwohl er mit "den politischen Grundlagen der Weimarer Verfassung sehr wenig übereingestimmt" habe. Kittel versucht dies durch "vornehme Ritterlichkeit" zu erklären, "die auch Überzeugungen, die er im letzten Grunde nicht teilte, als solche zu würdigen verstand." Außerdem habe Holstein die Aufgabe gesehen, von dem zu reden, "was hinter diesem Verfassungswerk an Ansätzen zu fruchtbaren und ihm wertvollen Motiven sichtbar

---

244 Reichsverfassung, S. 16.

245 Reichsverfassung, S. 16 f.

246 Reichsverfassung, S. 17.

werden konnte"[247].

In dem 1930 erschienenen Aufsatz über "Hochschule und Staat" schreibt Holstein sehr schlicht: Die Verfassung ist ein "Gesetz von besonderer und erhöhter Bedeutung. Sie ist in einer besonderen Form zustande gekommen als die einen Rechtsbruch heilende und den dadurch geschaffenen weithin normlosen Zustand beendende schöpferische Rechtssetzung der nationalen Volksgemeinschaft, die sich in einem besonderen Wahlverfahren ein besonderes Willensausdrucksorgan als verfassungsgebende konstituierende Nationalversammlung geschaffen hatte ... "[248]

Die Problematik der Weimarer Verfassung offenbart sich für Holstein in ihrem Kompromißcharakter. Ein Kompromiß hat für Holstein einen negativen Akzent, da er ein Ausweichen vor der letzten Entscheidungen ist[249]. Holstein nennt als Beispiele für Kompromisse in der WRV die Regelungen der Fragen von Unitarismus und Föderalismus, parlamentarischem System, Stabilität der Kabinette, Preußen und Reich[250] und die schulorganisatorischen Bestimmungen[251]. Schließlich nennt Holstein auch den damals umstrittenen Art. 148 WRV, der einer Entscheidung zwischen den beiden Werten "Volk" und "Menschheit" ausweiche[252]. Diese Kompromisse zwischen unterschiedlichen religiösen und nicht religiösen Gruppen und verschiedenen Parteien offenbaren für Holstein den Kompromißcharakter der gesamten WRV. Die Weimarer Verfassung habe gerade diese "letzten Fragen" offengelassen[253].

Das ist nach Holstein folgendermaßen zu erklären: Der WRV liegt nach Holstein eine "allgemeine naturrechtliche Grundauffassung" zugrunde, aber eben nur eine "allgemeine". Überall, wo es sich um letzte weltanschauliche Werte insbesondere um religiös-ethische handelt, bleibt die WRV bewußt undeutlich und unentschieden. Ihre Aufgabe, "alle lebendigen Kräfte der Nation zu erfassen und in ein geregeltes Kräftespiel gegeneinander zu ordnen"[254], könne sie nicht erfüllen. Die Verfassung beschränke sich darauf, den verschiedenen Weltanschauungsgruppen Formen bereitzustellen, in denen sie "von sich aus das Bild bestimmter staatlicher und

---

247 G. Kittel, Nachruf, in: Günther Holstein, hrsg. von H. Rendtorff u.a., S. 26 f.

248 Hochschule und Staat, S. 134. Es folgt noch eine Charakterisierung der Grundrechte als "tragende Gedanken der deutschen Rechtskultur".

249 Reichsverfassung, S. 12.

250 Reichsverfassung, S. 11 f.

251 Elternrecht, S. 196, Fn. 22.

252 Elternrecht, S. 197, Fn. 22, m.w.N.

253 Elternrecht, S. 196.

254 Reichsverfassung, S. 12.

rechtlicher Einheit bestimmen"[255]. Daß die Weimarer Verfassung dies nicht leistet, sieht Holstein als typischen Ausdruck einer "weltanschaulich vor der klaren Stellung zu letzten und absoluten Werten und der daraus folgenden wesenhaften Geschlossenheit aller Positionen zurückscheuenden Zeit" an[256]. Aber solch eine Übergangszeit dränge zu neuer weltanschaulichen Sammlung und metaphysischer Konzeption des Lebenssystems. Auch der juristische Systemwille dränge dann zu einem neuen Wesenszentrum vor, um von dort aus das Fragmentarische zu einer neuen Totalität zu runden[257]. So kann Holstein formulieren: "Demgegenüber muß gerade der Verfassungshistoriker feststellen: Es sind nicht viele Zeiten in der Geschichte, die wirklich die innere Reife zur großen verfassungsrechtlichen Synthese haben. Und oft ist der Kompromiß nichts anderes als ein Stück politischer Ehrlichkeit, die dem Heute das Notwendigste gibt, um die endgültige Form von Morgen vorzubereiten"[258].

Holstein stimmt hier weitgehend mit C. Schmitt überein. Dieser sprach von einem "dilatorischen Formelkompromiß"[259], wenn in Wirklichkeit eine sachliche Lösung im Wege beiderseitigen Nachgebens widerstreitender Meinungen gerade nicht gefunden worden ist, dies aber durch eine Kompromißformel verdeckt werden konnte. Das Wesen eines solchen Kompromisses sah er darin, eine Regelung hinauszuschieben. Eine weniger wichtige Entscheidung soll um der Haupsache willen vertagt werden[260].

255 Elternrecht, S. 196.

256 Elternrecht, S. 197, Fn. 22.

257 Elternrecht, Fn. 22.

258 Reichsverfassung, S. 12.

259 C. Schmitt, Verfassungslehre, S. 31 ff., 118.

260 C. Schmitt, Verfassungslehre, S. 32, 35.

II. Grundrechte bei Holstein[261]

Es ist Holsteins Verdienst, zu einer Zeit, als die wohl herrschende Meinung der Staatsrechtler in Wissenschaft und Praxis die Grundrechte der WRV als bloße Absichtserklärungen ohne bindenden Charakter verstanden[262], für den Ausbau des Grundrechtsschutzes eingetreten zu sein.

Noch im Jahre 1925 schrieb Gerhard Anschütz in seinem Kommentar zur WRV, daß bei jedem Grundrecht gesondert geprüft werden müsse, ob es mit "aktueller Wirksamkeit" ausgestattet oder ob es ein "bloßer Rechtsgrundsatz" sei, "der nicht unmittelbar anwendbar ist und erst durch Ausführungsgesetz aktualisiert werden muß." Insbesondere bei Grundrechten mit Gesetzesvorbehalt sei "die Absicht der Verfassung, kein aktuelles Recht schaffen zu wollen, ganz klar"[263]. Richard Thoma schrieb im gleichen Jahr 1925, daß die Grundrechte der WRV nichts sagten, was nicht ohnehin schon galt und folgerte daraus, daß sie praktisch leerliefen[264].

Holstein selber beschrieb noch 1927 die Situation folgendermaßen: Will man die Tragweite von Grundrechten untersuchen, "so muß man sich freilich von vornherein darüber klar sein, daß kraft der eigentümlichen Natur der Grundrechte, wie nach der Stellung der Wissenschaft zu ihr, jede Argumentation aus ihnen eine gewisse Unsicherheit hat und jedenfalls nicht mit der gleichen Durchschlagskraft zu wirken vermag, wie eine auf konkreten juristischen Vorschriften und Spezialnormen aufgebaute Argumentation"[265]. Denn die herrschende positivistische Einstellung der Rechtswissenschaft stehe "nicht nur dem politischen Wert, sondern mehr noch dem juristischen Sinne der Grundrechte mehr als skeptisch gegenüber"[266].

---

261 Holstein befaßte sich erstmals 1927 ausführlicher mit den Grundrechten der WRV. Zunächst in dem Gutachten "Der Selbstverwaltungsschutz der Universitäten und die Greifswalder Universitätsgüterverwaltung" (Selbstverwaltungsgarantie, S. 34-41) und ferner "Elternrecht, Reichsverfassung und Schulverwaltungssystem" (historischer Teil S. 187-234, dogmatischer Teil S. 235-254). 1930 veröffentlichet Holstein zwei Gutachten unter dem Titel "Fideikommißauflösung und Reichsverfassung" in denen er sich mit der Eigentumsgarantie befaßt. Im gleichen Jahr erschien der Aufsatz "Hochschule und Staat", indem sich Holstein erneut mit der Wissenschaftsfreiheit und dem Selbstverwaltungsrecht der Universitäten auseinandersetzte (historischer Teil S. 127-132, dogmatischer Teil S. 132-142).

262 Zu den Grundrechten in der WRV: W. Leisner, Grundrechte und Privatrecht S. 52-99; K. Stern, Das Staatsrecht der Bundesrepublik Deutschland, Bd. III/1, S. 120-127.

263 Anschütz, Kommentar zur WRV, vor Art. 109 Nr. 5 c, 6, 3./4. Aufl. 1925.

264 R. Thoma, Grundrechte und Polizeigewalt, S. 196.

265 Stiftungsvermögen, 1925, S. 34.

266 Stiftungsvermögen, 1925, S. 34 f.

Für Holstein sind die Grundrechte der "normative Niederschlag der großen Grundgedanken unserer historisch gewordenen Rechtskultur"[267]. Sie sind die Eingliederung politischer Ideen in das positive Recht, sie sind positive Formulierungen eines politischen Gedankengehaltes.

Damit setzt er sich damit scheinbar in einen Widerspruch zu seinen staatsphilosophischen Schriften. Dort sprach er immer von dem individualistischen Grundgehalt der westlichen Grundrechte. Dieser Widerspruch klärt sich jedoch rasch auf. Holstein hat sich nur mit solchen Grundrechten ausführlicher beschäftigt, deren individual-rechtliche Aspekt stark hinter dem objektiv-rechtlichen, institutionellen Aspekt zurücktritt. Mit dem Aufsatz "Elternrecht, Reichsverfassung und Schulverwaltungssystem" will Holstein einen juristischen Beitrag für den Schulstreit in der Weimarer Republik liefern. Holstein untersuchte wie schon aus dem Titel ersichtlich, ob das Grundrecht ein bestimmtes Schulsystem garantiert. Auch die Aufsätze "Der Selbstverwaltungsschutz der Verfassung und die Greifswalder Universitätsgüterverwaltung" und "Hochschule und Staat" machen schon in ihren Titeln deutlich, daß Holstein die Wissenschaftsfreiheit und das Selbstverwaltungsrecht in erster Linie als ein Prinzip zur Gestaltung der Universitäten als Institutionen sieht. Wenn Holstein für den Ausbau von Grundrechten eintritt, so betrifft dies zumindest ausdrücklich nur ihre objektivrechtliche Seite. Solche Grundrechte lassen sich auch mit einer organischen Staatsvorstellung vereinbaren.

Holstein hebt vier Bedeutungen der Grundrechte hervor. Zunächst nennt er die "interpretatorische Rechtsnormkraft"[268], die er auch "rechtsgedanklich-interpretatorische Funktion"[269] der Grundrechte nennt. Schon C. Schmitt hat darauf hingewiesen, daß diese Grundrechtsfunktion in der Weimarer Republik zuerst von Holstein erkannt und systematisch dargestellt worden ist[270]. Holstein versteht darunter, daß die Grundrechte die maßgebenden und juristisch bindenden Normen für die Interpretation aller Reichs- und Landesgesetze sind. Deren Interpretation habe aus der Totalität des grundrechtlichen Rechtsbestandes, aus ihrem Geist und Sinn zu folgen[271]. Die Grundrechte sind damit "Richtlinien von zwingender legalinterpretatorischer Kraft für die Auslegung"[272].

---

267 Stiftungsvermögen, S. 37; Elternrecht, S. 237. An andere Stelle formuliert er ähnlich: Grundrechte bringen die "großen tragenden Gedanken der deutschen Rechtskultur ... zum Ausdruck". Hochschule und Staat, S. 134.

268 Stiftungsvermögen, S. 36, Elternrecht, S. 238.

269 Elternrecht, S. 238.

270 C. Schmitt, Grundrechte und Grundpflichten, S. 228.

271 Stiftungsvermögen, S. 36; Elternrecht, S. 241.

272 Elternrecht, S. 238.

Grundrechte zeichnen sich für Holstein ferner durch ihren Rang als "Verfassungsgesetz" aus. Sie stehen damit unter der "erhöhten Garantie, die solchen Sätzen eigentümlich"[273] ist. Daraus folgt für Holstein, daß Grundrechte auch den Gesetzgeber binden. Daher gilt etwa für das Elternrecht des Art. 120 WRV: "Alle neuen gesetzlichen Bestimmungen, die ... das Erziehungsrecht der Eltern als solches antasten, ... sind verfassungswidrig und damit ungültig, es sei denn, daß sie mit der Qualität verfassungsändernden Gesetzes auftreten"[274].

Des weiteren haben die Grundrechte, so Holstein, "administrativen Rechtsnormcharakter"[275]. Das leite sich aus dem "Prinzip der gesetzmäßigen Verwaltung" ab. Bekennt sich die Verfassung zu einem Grundrecht, so habe sich alles staatliche Handeln auf dem Gebiet dieses Grundrechts in Richtung positiver Anerkennung und Förderung zu halten, nicht als Erfüllung politischer Forderung, sondern, was mehr ist, als Folge eines Grundsatzes positiven Rechts[276]. Die Verfassung soll also handlungsnormierend in die staatliche Verwaltung wirken[277]. So wiederum beim Elternrecht: "Der Staatswille, der Funktionen des Elternrechts im Verwaltungswege regeln will, braucht gesetzliche Grundlagen; Elternrecht steht nicht zur freien Disposition der Verwaltungsorgane. ... Jeder schulmäßige Eingriff in ihre Erziehungsrechte (=der Eltern) bedarf der gesetzlichen Grundlage"[278]. Insbesondere in "dem sogenannten ermessensfreien Raum der Verwaltungsgesetze" führe das dazu, daß die Verwaltung hier nicht willkürlich entscheiden dürfe, sondern gebunden sei[279].

Schließlich haben Grundrechte nach Holstein "legislatorisch-programmatischen Charakter"[280]. Der in einem Grundrecht niedergelegte Rechtsgedanke wird, so Holstein, aufgenommen als integrierendes Element späterer reichsrechtlicher Entwicklung[281]. Grundrechte haben also im Gegensatz zu Rechtssätzen des einfachen Rechts nicht nur eine unmittelbar wirkende Verpflichtungskraft, sondern sie wirken

---

273 Elternrecht, S. 240.

274 Elternrecht, S. 240.

275 Selbstverwaltungsschutz, S. 40.

276 Selbstverwaltungsschutz, S. 40 f.

277 Elternrecht, S. 240.

278 Elternrecht, S. 239.

279 Elternrecht, S. 241; Selbstverwaltungsrecht, S. 40.

280 Selbstverwaltungsschutz, S. 41; Elternrecht, S. 241.; K. Rennert nennt nur die Programmfunktion der Grundrechte (Die "geisteswissenschaftliche" Richtung, S. 294). Das ist irreführend, da für Holstein Grundrechte echte Rechtssätze sind, die darüber hinaus auch Programmfunktion haben.

281 Für das Beispiel des Elternrechts: Elternrecht, S. 241.

darüber hinaus in die Zukunft als den Gesetzgeber verpflichtende Programmsätze.

Im Jahre 1930 konnte Holstein feststellen, daß sich die Bedeutung der Grundrechte in der Weimarer Verfassung gewandelt habe. Es habe sich mit aller Deutlichkeit gezeigt, "daß die zunächst vielfach vorhandene Tendenz in dem zweiten, grundrechtlichen Teil der Reichsverfassung im wesentlichen eine Sammlung von rechtlich nicht erfaßbaren und darum juristisch wirkungslosen Versprechungen und Monologen des Gesetzgebers zu sehen und ihren Einzelinhalt stets im Sinne eines möglichsten Minimums auszulegen, endgültig überwunden ist." Nun sei die Auslegung zu bevorzugen, welche die juristische Wirkungskraft des betreffenden Grundrechts am stärksten zu Geltung bringt[282].

III. Staat und Kirche bei Holstein

Es ist sinnvoll, sich zunächst zu vergegenwärtigen, wie Holstein das Verhältnis von Staat und Kirche bei Schleiermacher beschrieben hat. Schleiermacher begründet die Trennung von Staat und Kirche mit Hilfe des Organismusbegriffs. Staat und Kirche sind eigenständige Organismen. Indem nun der "Organismusgedanke mit dem Individualitätsgedanken kombiniert und jeder Organismus als etwas geistig individuell Geprägtes gefaßt wird, stehen ... Staat und Kirche als wesenhaft verschiedene Gemeinschaften da." Staat und Kirche stehen aber nicht isoliert nebeneinander, sondern sie finden ihre Einheit in dem "Zusammenhang der Kultursphären", in der "übergeordneten Totalitätssphäre des höchsten Gutes" begründet[283]. So gelingt es Schleiermacher, Staat und Kirche in ihrer jeweils "besonderen Sphäre und soziologischen Funktion als wesensgetrennte Größen, wie zugleich in ihren organisch möglichen Beziehungen zu erfassen"[284].

Wenngleich Holstein sicher nicht Schleiermachers Denken wörtlich übernehmen wollte, so ist er doch davon beeinflußt. So ist für Holstein ist der Staat nur als christlicher denkbar. Der Staat ist legitimiert als Schöpfung Gottes. Kirche und Staat werden so wesensnotwendig zusammen gedacht. Die Kirche wird dadurch zu einem Teil der im Staat verfaßten Öffentlichkeit. Die Position der Kirche im Staat wird als Wesensform des Staates selber verstanden.

Dazu kommt, daß Holstein auch die Perspektive teilt, aus der heraus Schleiermacher das Verhältnis von Staat und Kirche betrachtet. Beide gehen nicht vom Indi-

---

282 Fideikommißauflösung, S. 5, Holstein zitiert hier zustimmend R. Thoma, in: Die Grundrechte und Grundpflichten, hrsg. von Nipperdey, S. 9 f.

283 Grundlagen, S. 149 f.

284 Grundlagen, S. 141.

viduum aus, sondern ausschließlich von den "Gemeinschaftssphären" menschlicher Existenz. Das Verhältnis von Staat und Kirche wird gewissermaßen auf der dem Individuum übergeordneten Ebene behandelt. So ist es auch verständlich, daß Holstein das Grundrecht der Religionsfreiheit in seinen staatskirchenrechtlichen Schriften nicht erwähnt. Weder die Glaubensfreiheit noch die Kultusfreiheit finden in seinen Schriften Beachtung.

Heute wird der Staat dagegen als säkularer Staat verstanden. Der Staat sucht seine Legitimation nicht mehr in der Religion. Der Staat steht nicht mehr mit der Kirche in einer gemeinsamen Totalitätssphäre, wie das in Holsteins Organismusvorstellung der Fall war. Der Staat tritt den Kirchen nicht mehr auf einem Boden der gemeinsamen Religion gegenüber. Die Religion ist in und von dem Staat freigegeben, in Form der Religionsfreiheit. Religion ist nicht mehr das einigende Band zwischen Staat und Bürger. Religion ist nicht mehr der Boden, auf dem sich die staatkirchenrechtlichen Probleme zwischen Staat und Kirchen abspielen. Dazu kommt, daß der Staat heute vielen Religionen gegenübertritt, denen er sich allen gegenüber neutral erklärt[285].

Ferner wird heute das Verhältnis von Staat und Kirche nicht mehr als Verhältnis zweier transpersonaler Größen verstanden[286]. Die Stellung der Kirche zum Staat ist eine grundrechtlich verbürgte Position, sie ist individuelle und korporative Freiheit. Der Staat tritt sowohl der Kirche als auch dem einzelnen Christen gegenüber. Die Regelung des Verhältnisses von Staat und Kirche dient gerade dem Individuum, während bei Holstein auf das Individuum nicht zurückgegriffen werden brauchte.

Damit gerät bei Holstein aber das Verhältnis von Staat und einzelnem Christen gegenüber dem Verhältnis Staat-Amtskirche in den Hintergrund. Das Staatskirchenrecht gerät damit allerdings in die Gefahr, nicht dem Individuum und dessen ungestörter Religionsausübung, sondern einer kaum näher beschreibbaren höheren, organischen Gerechtigkeit zu dienen. Dies dürfte der fundamentalste Unterschied gegenüber der heutigen Staatskirchenrechtswissenschaft sein, für die das Grundrecht der Religionsfreiheit eine der wesentlichen Säulen des Staatskirchenrecht ist[287].

Zu den Einzelheiten der Ausgestaltung des Verhältnisses von Staat und Kirche äußert Holstein sich nur vereinzelt. Holstein lehnt jegliches Modell der Gleichordnung von Kirche und Staat ab: Die Weimarer Verfassung gehe von der "Vor-

---

285 E. W. Böckenförde, Staat - Gesellschaft - Kirche, S. 131 ff., in: Schriften zu Staat - Gesellschaft - Kirche Bd. 3, Freiburg 1990.

286 A. Hollerbach, Verträge zwischen Staat und Kirche, S. 3.

287 Vgl. etwa Hollerbach, Grundlagen des Staatskirchenrechts Rz. 108 ff.

rangstellung"[288] des Staates als höchstem "Wahrer des Rechtsfriedens und der Rechtsordnung im nationalen Gemeinschaftsleben"[289] aus. Die Kirche unterwerfe sich der Funktion des Staates als Wahrer des Rechtsfriedens, nicht jedoch einer absoluten Herrschaft des Staates über die Kirche[290]. Das sei auch die Aussage des Art. 137 WRV: "Jede Religionsgesellschaft ordnet und verwaltet ihre Angelegenheiten selbständig innerhalb der Schranken des für alle geltenden Gesetzes." Positiv gewendet bedeute das "die Verschiedenheit und organisatorische Selbständigkeit der Kirche gegenüber dem Staat", während negativ "das Verbot der Leitung der Kirche durch den Staat" festgesetzt werde[291]. Das Koordinationsmodell, also das Modell der Gleichordnung von Kirche und Staat sei dadurch ausgeschlossen. Die Rechtsstellung der Kirche werde durch die nationale Rechtsordnung erst begründet und ausgestaltet. Die Befugnisse des Staates zur Gestaltung, Aufrechterhaltung und Durchsetzung der Rechtsordnung bestehe auch gegenüber den Religionsgesellschaften. Holstein ersetzt aber das Koordinationsmodell nicht durch ein neues abstraktes System. Vielmehr geht er einen ersten Schritt zu der später Gemeingut gewordenen Erkenntnis, daß die Problematik des Verhältnisses von Staat und Kirche eine Frage sachlicher Zuordnung menschlichen Lebens und Wirkens in Staat und Kirche ist, die erst im konkreten Einzelfall Realität gewinnt[292].

Die Schranke "des für alle geltenden Gesetzes" in Art. 137 WRV, der auch heute über Art. 140 GG noch geltendes Recht ist, stellt dies lediglich klar. Ihr Bedeutungsgehalt könne - ein schönes Beispiel für die Anwendung der geisteswissenschaftlichen Methode - nicht in abstrakter Begrifflichkeit (allgemein-besonders) gewonnen werden, sondern nur aus ihrem geistesgeschichtlichen Zusammenhang.

Sowohl für die Frankfurter Reichsverfassung von 1849 als auch für die preußische Verfassung von 1850 habe die Schranke keine andere Bedeutung gehabt, als die der Betonung der Rechtshoheit des Staates. So müsse auch für die Weimarer Verfassung gelten, daß "alle Freiheit rechtlich, also staatlich beschränkte Freiheit ist", und daß demzufolge staatliche Gesetze auch vor dem Selbstverwaltungsrecht der Religionsgesellschaften nicht halt machten. "D.h. der Satz will den Kirchen wohl eine eigene Sphäre selbständigen Rechtslebens und selbständiger Rechtsstellung geben, aber als eine Sphäre autonomen Rechts nicht jenseits, sondern inner-

---

288 Grundlagen, S. 370.

289 Enteignungsrecht, S. 113 f.

290 Grundlagen, S. 370 f.

291 Beamtenrechtliche Normen, S. 174.

292 Vgl. etwa: K. Hesse Freie Kirche im demokratischen Gemeinwesen, S. 354 ff.; ders. Art. Kirche und Staat, Ev. Staatslexikon Sp. 1139 ff., 1157 ff.; ders. Grundzüge des Verfassungsrechts, Rdnr. 468; v. Campenhausen, Staatskirchenrecht, S. 87.

halb des allgemeinen Rechtslebens der im Staate vereinigten nationalen Rechtsgemeinschaft"[293]. Die Schrankenformel der allgemeinen Gesetze "kann also nicht im Sinne lediglich 'allgemeiner Gesetze' im Gegensatz zu 'speziellen Gesetzen' gefaßt werden, sondern schließe beides, die Gültigkeit allgemeiner wie spezieller Gesetze in sich. Denn sein staatsrechtlicher Inhalt hat es eben nur mit der prinzipiellen Stellung des staatlichen Rechts, nicht aber mit den einzelnen möglichen Formen von dessen Betätigung zu tun"[294].

Dazu kommt, nach Holstein, daß die Kirchen "zur körperschaftlichen Größe öffentlichen Rechts" erhoben worden sind. Durch einen Akt staatlicher Verleihung seien die Kirchen folglich in eine "Sphäre qualitativ höheren Rechts" gehoben worden; sie seien "mit Hoheitsmacht und Zwangsgewalt" ausgestattet worden, insbesondere mit der "Befugnis zur Steuererhebung, der Verleihung disziplinarer Staatsgewalt und der Befugnis zur autonomen Rechtsbildung publizistischen Charakters". Diesem Körperschaftsstatus korreliere eine besondere Staatsaufsicht über die Kirchen. "Diese erstreckt sich ... auf die Aufsicht über eine korrekte und die Staatsbelange nicht schädigende Ausübung jenes Rechts, in ihrer sonstigen Handlungsfreiheit dagegen wird die Kirche nicht gestört"[295]. Holstein leitet als Anhänger der in der Weimarer Republik herrschenden "Korrelatentheorie"[296] aus dem Körperschaftsstatus und nicht aus der Einschränkung des kirchlichen Selbstbestimmungsrechts durch die Schranke des für alle geltenden Rechts, ein staatliches Aufsichtsrecht über die Kirchen her, ohne allerdings von einer Staatskirchenhoheit zu sprechen.

Technisch wird, nach Holstein, das Verhältnis von Staat und Kirche folgendermaßen ausgestaltet. Die Kirche tritt dem Staat in zweifacher Art gegenüber: Zum einen als vom Staat in den Range einer Körperschaft erhobene Rechtspersönlichkeit, zum anderen als "Eigengröße" mit dem Recht zu freier Willensbildung. Daraus ergibt sich auch eine zweifache Qualität der Rechtsbeziehungen zwischen Kirche und Staat, nämlich die allgemeine Rechts- und Verfassungsordnung auf der einen Seite und der Vertrag, das Konkordat auf der anderen Seite[297]. Das Konkordat definiert Holstein als eine "rechtssetzende Vereinbarung des Staates mit einer zwar seiner Hoheitsmacht unterworfenen, sonst aber selbständigen Rechtspersönlich-

---

293 Beamtenrechtliche Normen, S. 174.

294 Beamtenrechtliche Normen, S. 175.

295 Grundlagen, S. 371.

296 Link, Staat und Kirchen, S. 458.

297 Zur Geschichte der Konkordate in Weimar: A. Hollerbach, Verträge zwischen Staat und Kirche, S. 13, 17 ff.

keit"[298]. Es diene insoweit der Ergänzung und Durchführung der allgemeingehaltenen verfassungsrechtlichen Regelungen.

D. Schlußbemerkungen

Holsteins Leistung auf dem Gebiet des Staatsrechts ist schwer zu würdigen. Ein größeres Werk ist nicht vorhanden und seine zahlreichen Aufsätze beschäftigen sich mit unterschiedlichsten Detailproblemen. Holsteins Leistung liegt daher weniger in der Entwicklung einer geschlossenen Theorie, als in einem Anstoß zur Veränderung der geistigen Haltung juristischer Wissenschaft in der Weimarer Republik.

Drei Aspekte sind hier hervorzuheben. Holstein gewann der Rechtswissenschaft materiale Fragestellungen zurück, die sie durch den Positivismus verloren hatte. Er appellierte an das Gerechtigkeitsdenken und an die ethische Verantwortung der Rechtswissenschaft wie auch des praktisch arbeitenden Juristen. Schließlich hat er an Hand konkreter Einzeluntersuchungen auf die geschichtlichen, insbesondere geistesgeschichtlichen Wurzeln des positiven Rechts aufmerksam gemacht.

298 Grundlagen, S. 372.

Viertes Kapitel

Kirchenrecht

A. Einleitung

Als Holstein im Jahre 1928, am Sonntag Trinitatis, seine Arbeit an seinen "Grundlagen des evangelischen Kirchenrechts" abschloß, war im Staat und in den Kirchen die Zeit der relativen Stabilisierung eingekehrt[299]. Die Wogen der Nachkriegsjahre waren geglättet und der Nationalsozialismus warf noch keine Schatten voraus. Der verlorene Weltkrieg, die Revolution und die Abdankung des Kaisers hatten den Kirchen das Ende des Landesherrlichen Kirchenregiments beschert. Waren bislang die deutschen Könige und Fürsten Inhaber der höchsten kirchlichen Gewalt, so ging diese nach dem Krieg auf die evangelischen Kirchen über. Die im 19. Jahrhundert vielfach geforderte, zum Teil aber auch gefürchtete Trennung von Thron und Altar wurde Wirklichkeit[300].

Nun stellte die Durchführung der Trennung von Staat und Kirchen die Kirchen vor große organisatorische Aufgaben[301]. Die kirchlichen Behörden mußten von staatlichen Behörden getrennt werden. Kirchliche Beamte durften nicht länger Beamte des Staates bleiben. Und nicht zuletzt galt es, die kirchlichen Finanzen von denen des Staates zu trennen. Dazu gaben sich alle evangelischen Landeskirchen in den ersten Jahren der Weimarer Republik neue Verfassungen und vielfältige neue Kirchengesetze.

Die organisatorische Trennung der Kirchen vom Staat und der Aufbau eigenständiger Kirchenorganisationen waren abgeschlossen, als Holstein seine "Grundlagen" veröffentlichte. Die Kirchen hatten ihre Loslösung vom Staat erfolgreich und ohne größere Einbußen überstanden[302].

Die Kirchenrechtswissenschaft nahm sich der neuen Verfassungen unverzüglich

---

299 K. Scholder, Die Kirchen und das Dritte Reich, S. 44; K. Nowak, Evangelische Kirche und Weimarer Republik, S. 126; Kolb, Eberhard, Die Weimarer Republik, 2. Aufl., München 1988, S. 54-106; K. D. Erdmann, Die Weimarer Republik, Bd. 19, Kap. 18.

300 Ausführlich dazu: K. Scholder, Die Kirchen und das Dritte Reich Bd. 1, S. 26 ff.; C. Link, Staat und Kirchen; A. v. Campenhausen, Staatskirchenrecht, S. 36 ff.

301 C. Link, Staat und Kirchen, S. 463 ff.

302 K. Scholder, Die Kirchen und das Dritte Reich, S. 44.

an. Für die Kirche der Altpreußischen Union erschienen vier Kommentare[303] und, neben Holsteins Werk, vier Monographien[304] über das evangelische Kirchenrecht. Die meisten dieser Werke atmen den Geist des Positivismus. Positivismus und Formalismus haben seit der Mitte des 19. Jahrhunderts nicht nur in der Staatsrechtswissenschaft, sondern auch in der Kirchenrechtswissenschaft eine beherrschende Stellung eingenommen[305]. Historische, soziologische und philosophische und sogar auch theologische Fragestellungen galten als zutiefst unjuristisch und wurden aus der Kirchenrechtswissenschaft verbannt. Mit ihnen hatten sich Theologen und nicht Juristen zu beschäftigen. Der Kirchenrechtswissenschaft sollte nur die Aufgabe verbleiben, den Bestand der positiven kirchlichen Rechtsmasse zusammenzutragen und mit Hilfe der Logik zu systematisieren. Dem juristischen Positivismus korrespondierte eine liberale Theologie, die ihrerseits kirchenrechtliche Fragen weitgehend den Juristen überließ[306]. Die Frage nach der Organisation der Kirche wurde aus der Theologie weitgehend ausgeblendet. Erst Rudolph Sohm rückte mit seinem 1892 erschienen Kirchenrechtslehrbuch das Problem der Kirchenorganisation wieder in das theologische Zentrum[307]. Damit erhielt das Problem der theologischen Begründung des Kirchenrechts, kurz die Rechtstheologie[308], eine entscheidende Bedeutung. Sohm revolutionierte so nicht nur die Wissenschaft vom Kirchenrecht, sondern gab auch der Theologie neue Anstöße[309]. Sein Lehrbuch ist

---

303 v. d. Goltz, Eduard, Die Verfassungsurkunde der evangelischen Kirche der altpreußischen Union, Halle 1925; Wolff, Walter, Die Verfassung der Evangelischen Kirche der Altpreußischen Union, Berlin 1925; Thümmel, Otto, Evangelisches Kirchenrecht für Preußen 2 Bde., Berlin 1931/32; Lüttgert, Gottlieb/Koch, Friedrich, Verfassungsurkunde für die Evangelische Kirche der Altpreußischen Union vom 29.9.1922, 2. Aufl. Berlin 1932.

304 Bredt, Johann V., Neues evangelisches Kirchenrecht für Preußen 3 Bde., Berlin 1921-27; Schoen, Paul, Das neue Verfassungsrecht der evangelischen Landeskirchen in Preußen, Berlin 1929; Rohn, Otto E., Lutherische und reformierte Kirchenverfassungen im Deutschland der Nachkriegszeit, Jur. Diss. Erlangen 1931; Liermann, Hans, Deutsches Evangelisches Kirchenrecht, Stuttgart 1933.

305 S. Grundmann, Das Evangelische Kirchenrecht von Rudolph Sohm bis zur Gegenwart, S. 20 ff.

306 E. Wolf, Ordnung der Kirche, S. 492 f.

307 Grundlagen, S. 34.

308 Diesen Begriff verwenden weder Sohm noch Holstein. Zuerst wurde er wohl, wie W. Steinmüller (Evangelische Rechtstheologie, Köln 1968) herausgefunden hat, von Mordche W. Rapaport (Das religiöse Recht und dessen Charakterisierung als Rechtstheologie, Archiv für Rechts- und Wirtschaftsphilosophie, Bd. 12., Berlin-Leipzig 1913) gebraucht. Heute dürfte er sich als terminus technicus für die theologische Begründung von Kirchenrechts aber auch von Recht algemein durchgesetzt haben.

309 B. Moeller, Geschichte des Christentums in Grundzügen, S. 369.

eines der wenigen Beispiele mit einer wirklich fächerübergreifenden Wirkungsgeschichte.

Jedoch ist die Zeit auch bei Rudolph Sohm nicht stehengeblieben. R. Sohm schrieb zu einer Zeit, da das Landesherrliche Kirchenregiment nicht zur Disposition stand. Die Aufgabe und Chance einer eigenständig-evangelisch-christlichen Begründung der Kirchenverfassung war für ihn noch kein existentielles Thema. Darüber hinaus konnte der berühmt gewordene Fanfarenstoß, mit dem Sohm sein Kirchenrechtslehrbuch eröffnete, von keinem Kirchenrechtler ungehört bleiben und mußte Widerspruch herausfordern: "Das Kirchenrecht steht mit dem Wesen der Kirche in Widerspruch," schrieb R. Sohm, denn "das Wesen der Kirche ist geistlich; das Wesen des Rechts ist weltlich"[310]. Daraus folgerte R. Sohm, daß Kirchenrecht ein Widerspruch in sich sei. In der wahren Kirche dürfe es kein Recht geben, sondern nur das Wirken des Geistes. Dem lag ein Kirchenbegriff zugrunde, der als wahre Kirche nur die unsichtbare Gemeinschaft aller Gläubigen ansah. Holstein stellte sich die Aufgabe, R. Sohm zu widerlegen und ein eigenständiges evangelisches Kirchenrecht zu begründen[311]. Zwar hatte R. Sohms radikale Negation des Kirchenrechts schon vor Holstein viel Kritik erfahren. Jedoch fehlte bislang eine grundsätzliche, R. Sohm ebenbürtige Auseinandersetzung aus juristischer Hand. Holstein beabsichtigte, mit seinen "Grundlagen des evangelischen Kirchenrechts" diese Lücke zu schließen, und war darin so erfolgreich, daß er, der die Bühne der Kirchenrechtswissenschaft erst nach Verabschiedung der Verfassung der Kirche der altpreußischen Union vom 20.9.1922 betrat, noch zum "geistigen Vater" eben dieser Verfassung avancierte[312].

Holstein praktiziert in seinen Grundlagen seine "geisteswissenschaftliche Methode". Er betont vehement, daß Kirchenrecht nur in enger Verbindung mit theologischem Denken möglich ist. Die Wissenschaft vom Kirchenrecht muß ihr Verhältnis zum Glauben und zur Theologie klären. Steht die Größe "Kirche" und damit auch die Ordnung und das Recht der Kirche überhaupt in einem wesenhaft gegebenen Zusammenhang mit dem Phänomen der evangelischen Botschaft, mit der Botschaft Jesu? "Ist die eigentümliche Formung religiöser Gemeinschaft, die wir als "Kirche" zu bezeichnen pflegen, ... genuin evangelisch"[313]? Gehört das Phänomen "Kirche" und mit ihr das Kirchenrecht in das geistige Herzstück des christlichen Systems oder liegt es nur in seinem Randbereich? Von der Antwort hängt die Qualität des

310 R. Sohm Kirchenrecht Bd. 1, S. 1.

311 Kritisch dazu: E. Foerster, Sohm widerlegt?

312 Erik Wolf, Ordnung der Kirche, S. 494.

313 Grundlagen, S. 3.

Kirchenrechts sowie sein wesentlicher Inhalt ab. Rückt die christliche Religion somit unmittelbar in das Zentrum der Kirchenrechtswissenschaft, so darf man sie nicht lediglich religionswissenschaftlich untersuchen. "Um das Christentum wirklich zu erfassen, muß man davon absehen, es zugunsten sogenannter allgemeiner, im Grunde nur in zeitgeschichtlichen Rationalismen bestehender religiöser Wahrheiten aufzulösen"[314]. Die christliche Religion und mit ihr die christliche Kirche ist nur in dem spezifisch Christlichen, nur ihr Eigentümlichen zu begreifen. Dazu aber ist es erforderlich, das Christentum "in seinen geschichtlich gegebenen sozialen Erscheinungsformen" zu untersuchen[315].

Noch ein weiterer Aspekt ist hier zu erwähnen. Der innerkirchliche Konsens war, als Holstein seine Grundlagen schrieb, wenig ausgeprägt[316]. Die Bandbreite reichte von religiösen Sozialisten, die in einem sozialistischen Gemeinwesen die Verwirklichung des Christentums sahen, bis hin zu den national-konservativen Kräften, die auf der "Vaterländischen Kundgebung" des Königsberger Kirchentags[317] von 1927 zusammentrafen. Nur der Nationalsozialismus war noch nicht zu einer beherrschenden Macht geworden. In dieser Situation versuchte Holstein, durch eine Rückbesinnung auf die theologischen und geschichtlichen Grundlagen neue Vermittlungsansätze zu schaffen.

Dabei kam es ihm darauf an, die Darstellung des positiven Rechts mit der Grundlagenproblematik zu koppeln, also die Frage nach dem "Wie" des Kirchenrechts mit der Frage nach dem "Ob" zu verbinden. "Die Frage: Ist evangelisches Kirchenrecht ... möglich?, kann ... nur beantwortet werden mit der Antwort auf ihre Abwandlung: Wie ist evangelisches Kirchenrecht möglich? Oder anders gesprochen: Sie kann nur beantwortet werden, indem man die Gestaltung eines ganz konkreten kirchenrechtlichen Systems aufzeigt, das *Rechts*system, *Kirchen*rechtssystem und *protestantisches* Kirchenrechtssystem zugleich ist"[318]. Ausgangspunkt Holsteinschen Denkens ist daher immer die Frage: Ist Kirchenrecht möglich? Nie verliert Holstein dieses, sein eigentliches Thema, aus den Augen. Alle historischen und theologischen Ausführungen dienen letztlich der Beantwortung dieser Frage, was man immer berücksichtigen muß, wenn man sein Kirchenrechtslehrbuch zur Hand nimmt. Hans Dombois schrieb über dieses Hauptwerk Holsteins: "Holsteins Arbeit ist der letzte Versuch geblieben, das Kirchenrecht im Bereich des deutschen

---

314 Grundlagen, S. 5.

315 Grundlagen, S. 5.

316 K. Nowak, Evangelische Kirche und Weimarer Republik, S. 126 ff.; K. Scholder, Die Kirchen und das Dritte Reich, S. 46 ff.

317 Vgl. K. Nowak, Evangelische Kirche und Weimarer Republik, S. 173 ff.

318 Grundlagen, S. 2.

Protestantismus systematisch zu bearbeiten. Daneben stehen wesentlich nur historische oder Teildarstellungen"[319].

B. Holsteins Kirchenbegriff

Holstein entwickelt zunächst eine eigene Ekklesiologie. Dies hat zwei Gründe. Zum einen könne Kirchenrecht nicht ohne seine theologischen Voraussetzungen dargestellt werden. Zum anderen sei aber auch eine Ekklesiologie aus spezifisch juristischer Sicht notwendig: "Eine geschichtliche Situation wird anders gesehen vom Theologen, der in ihr das religiös Entscheidende aufzeigen will, anders vom Historiker, der politische und soziale Wirkungszusammenhänge verfolgen will, anders vom Analytiker der allgemeinen Geistesgeschichte, dem es um die ideengeschichtlich fortwirkenden und dadurch die Umwelt gestaltenden geistigen Mächte zu tun ist. Nur der Jurist kann das juristisch Wesentliche sehen, nicht nur im Sinne des Rechtslogischen, sondern fast noch mehr im Sinne des Rechtssoziologischen und Rechtsideologischen"[320].

I. Die Reichspredigt

Der Reichgottesgedanke war im ausgehenden 19. Jahrhundert verblaßt. Ursächlich dafür war, daß in einer von Kant über den evangelischen Theologen Ritschl letztlich bis zum religiösen Sozialismus führenden Linie das Gottesreich zunehmend mehr verdiesseitigt und als eine Sache menschlichen Handelns gedeutet wurde[321]. Die Schaffung des Gottesreiches wurde mehr und mehr als eine ethische Aufgabe für den Menschen verstanden. Es blieb dabei zwar ein zutreffender Kern erhalten. Wenn der Mensch Gottes Willen tut, dann wirkt Gottes Wille selbst, dann ist Gottes Herrschaft gegenwärtig. Einem derart "vermenschlichten" Reichsgedanken konnte aber nur noch untergeordnete Bedeutung in der Theologie und der Kirchenrechtswissenschaft zukommen.

1898 leitete Johannes Weiß die Rehabilitierung des eschatologischen Reichgottesgedankens in der evangelischen Theologie ein und rückte ihn damit wieder

---

319 Hans Dombois, Das Recht der Gnade, Bd. 1, S. 9.

320 Grundlagen, S. 3.

321 W. Pannenberg, Eschatologie, Gott und Schöpfung, S. 9; Ernst Wolf, in: RGG 3. Aufl. Bd. 5, Sp. 921-923, Art. Reich Gottes; Holstein, Grundlagen, S. 5 f.

an zentrale Stelle[322]. Albert Schweitzer verhalf dann dem Reichsgedanken in seinem Buch über die Leben-Jesu-Forschung zum Durchbruch[323]. Der eschatologische Reichgottesbegriff besagt, daß Jesus die Aufrichtung des Reiches Gottes nicht vom Menschen, sondern von Gott selbst erwartet und dies nicht als bloße ethische Verbesserung der Menschen in dieser Welt, sondern am Tag des Jüngsten Gerichts als das Ende dieser Welt. Jesus kündigte also an, daß Gott sein Reich selber aufrichten werde. Das ethische Reichsverständnis wandelte sich zu einem eschatologischen.

Holstein war der erste Kirchenrechtler, der diese Erkenntnis aufgegriffen hat. Er sah das Zentrum der Botschaft Jesu Christi in der Ankündigung des Reiches Gottes[324]. Daraus leitete er die Konsequenz ab, daß die Beschäftigung mit dem Kirchenrecht an der Botschaft vom Kommen des Reiches Gottes einsetzen muß[325].

Welche Auswirkungen hat nun dieser eschatologische Reichgottesgedanke für die Frage nach dem Kirchenrecht? Um diese Frage zu beantworten, untersucht Holstein in einer für einen Juristen ungewöhnlich eingehenden Auseinandersetzung mit der theologischen Literatur und einer ausführlichen eigenen Exegese den Reichgottesgedanken[326]. Schon das alte Testament kennt danach den Begriff der Herrschaft Gottes, die Malkuth Jahwe. Es ist das unmittelbare Herrschen Gottes auf der Erde als Herr der Geschichte. Dadurch, daß nur das Volk Israel Gott erkannt hat, ergibt sich eine besondere Beziehung Gottes zu Israel. Mit dem politischen Herabsinken Israels erscheint jedoch Gottes Herrschaft durch das Tun widergöttlicher Mächte gehemmt. Um an der Idee der Gottesherrschaft festhalten zu können, muß sie in die Zukunft hineinprojiziert werden. Das heißt Gott wird seine Herrschaft in der Zukunft errichten. Er *wird* König. Der Gedanke der unmittelbar gegenwärtigen Gottesherrschaft wandelt sich unter den religiös erfaßten geschichtlichen Eindrücken zu einer futurischen Gottesherrschaft. Die Gottesherrschaft wandelt ihren Charakter von einem als gegenwärtig empfundenen Wirken Gottes zu dem als Hoffnung und Gewißheit geglaubten Endgeschehen eschatologisch-apokalyptischer Art. Jedoch löst die eschatologische Fassung der Gottesherrschaft die gegenwärtige nicht vollständig ab. Sie überlagert sie nur. So bleibt die gegenwärtige Gottesherr-

---

322 J. Weiß, Die Predigt Jesu vom Reiche Gottes, 1. Aufl. 1892, 2. Aufl. 1900, 3. Aufl. 1964.

323 A. Schweitzer, Geschichte der Leben-Jesu-Forschung, dessen Bedeutung auch Holstein erkannte: Grundlagen, S. 7.

324 Grundlagen, S. 6.

325 Grundlagen, S. 5; Hier übt Holstein Kritik an Sohm, der "eine Auseinandersetzung mit dem zentralen Motiv der evangelischen Botschaft, dem Sinn und Inhalt des Reichgottesrufes nicht unternimmt".

326 Grundlagen, S. 6 - 25.

schaft als Wille, Kraft und Macht Gottes bestehen, während der dadurch bewirkte Zustand zurücktritt. So entsteht eine Spannung zwischen gegenwärtiger und zukünftiger Herrschaft Gottes.

Jesu Botschaft vom Kommen des Reiches Gottes steht in der gleichen Spannung von gegenwärtigem und zukünftigem Reich. Einmal ist das Reich Gottes durch Jesu Wirken, insbesondere durch seine Wundertätigkeit schon unmittelbar eingetroffen. Indem Jesus wirkt, handelt Gott. Andererseits verkündet Jesus das Kommen des Gottesreiches als das Kommen des Jüngsten Gerichts. Somit hat auch der neutestamentliche Reichsbegriff zwei Elemente, ein schon gegenwärtiges und ein zukünftiges. Die Gegenwartsaussagen beziehen sich auf die dynamisch-aktivistische Seite, auf Jesu eigenes Wirken, auf seine Person. Erst das zukünftige Reich Gottes ist sozialer Zustand. "Das mehr dynamische der wirkenden Macht, der Kraftwirkung des Herrschers und des Aktes des Herrschens, und das andere, mehr statische der Machtwirkung, des gewirkten Zustandes, der Sozialität der Beherrschten"[327]. Beide Elemente lassen sich nicht voneinander trennen, keine Seite ist ganz ohne Beziehung auf die andere.

Was bedeutet dieses Ergebnis nun für die Kirche und die Frage nach dem Kirchenrecht? Holstein schreibt dazu: "Die Gegenwartsaussagen vom Reichsgedanken knüpfen an das dynamische Element in ihnen an, das hier personal aufgefaßt wird; es sind Aussagen von Christus und der in ihm wirkenden Kraft - Königtum und Königsherrschaft erscheinen hier ganz von Gott und Christus aus gesehen. ... Sie sind also an dieser Stelle zumindest nicht unmittelbar sozialer Zustand oder soziale Form"[328]. Das bedeutet, daß das Reich Gottes nicht als rechtlich-soziale Größe auftritt. Es ist keine menschliche Gemeinschaft bzw. eine solche erst in endvollendetem Zustand. Die Botschaft Jesu vom Kommen des Reiches Gottes ist damit unmittelbar nicht verwertbar für die Frage nach Möglichkeit und Inhalt des Kirchenrechts. Aber, so schreibt Holstein weiter, "wenn das Gegenwartselement im Reichsgedanken auch an sich keine soziologische Größe ist, so wirkt es doch ... vielfach soziologisch"[329]. Es wirkt nämlich, indem es eine Gemeinschaft von Gläubigen schafft. Das Reich Gottes selbst ist "nicht menschlich soziale Gemeinschaft, bzw. ist solche nur im vollendeten eschatologischen Tatbestand. Wohl aber entsteht Gemeinschaft in Auswirkung der ethischen, psychologischen, soziologischen Konsequenzen der Reichspredigt: Das gegenwärtige Reich Gottes als die in Jesus wirkende Gotteskraft schafft Gemeinschaft der durch die Kraft ergriffenen,

327 Grundlagen, S. 25.
328 Grundlagen, S. 25.
329 Grundlagen, S. 25.

d.h. der jesusergriffenen Menschen"[330].

II. Die Jüngergemeinschaft Christi

Die erste christliche Gemeinschaft bildeten die Jünger Jesu. Sie hörten Jesu Reichspredigt und folgten ihm nach. Der gemeinsame Glaube an das Kommen des Reiches Gottes und ihre daraus resultierende unbedingte Gefolgschaft fügten sie zu einer menschlichen Gemeinschaft zusammen. Die Predigt vom Kommen des Reiches Gottes bildete somit menschliche Gemeinschaft. "Die Gemeinschaft, die entstanden ist, ist einmal Wirkung der Reichspredigt und zum zweiten steht sie in einer teleologischen Beziehung zum eschatologischen Reich. Beide Elemente erhalten aber wieder ihre Verbindung und Einheit in der Person Jesu"[331].

Wie ist diese Gemeinschaft soziologisch zu klassifizieren? Es ist eine Gemeinschaft, die unabhängig ist von dem "wechselseitigen Willen der Gemeinschaftsbildenden unter sich". Es ist "eine Gemeinschaft durch Jesus und zu Jesus hin"[332]. Zur Verdeutlichung der soziologischen Struktur der Jüngerschaft Christi greift Holstein auf das von Otto v. Gierke entwickelte Begriffspaar Herrschaftsverband-Genossenschaftsverband zurück[333]. "In der Genossenschaft liegt die Gemeinschaft in angeborener Zugehörigkeit oder dem freien Willenszusammenschluß der einzelnen; alle Genossen sind in ihr grundsätzlich einander gleich. ... Im Herrschaftsverband ist umgekehrt der Herr das Prius, der prinzipiell und sozial am Anfang Stehende; durch ihn und in ihm sind erst die anderen verbunden"[334]. Bringt man diese Begriffe in Anwendung auf die Jüngerschar Christi, so ist deutlich, daß diese keine auf menschlichem Entschluß beruhende Gemeinschaft ist. Vielmehr ist sie durch die Kraft Gottes entstanden. "Die Gemeinschaft der Heilandsjünger, in der sich die gegenwartswirkende Kraft seiner Reichgottesbotschaft sozial reflektiert, ist ihrem Typus nach personal-führerschaftlich geformte Gemeinschaft, die sich als von Gott gesetzt empfindet, und in dem gottesherrschaftlichen Wirken Jesu ihre alles bestimmende dynamische Einheit erhält"[335]. Die Jüngerschaft ist also kein Genossenschaftsverband, sondern ein Herrschaftsverband, der durch die gegenwartswirkende Kraft der Reichspredigt entstanden ist und der sich eschatologisch

330 Grundlagen, S. 28.
331 Grundlagen, S. 28.
332 Grundlagen, S. 28 f.
333 O. v. Gierke, Deutsches Privatrecht, Bd. 1, S. 456 ff.
334 Grundlagen, S. 29.
335 Grundlagen, S. 30.

auf die Endvollendung hin angelegt weiß[336].

III. Der Ekklesia-Begriff

Wie wird christliche Gemeinschaft aber nach Christi Himmelfahrt gebildet? Wie kann die Christenheit ohne die leibliche Gegenwart Christi weiterexistieren? Wie wirkt die Reichspredigt weiter? Um dies zu verdeutlichen, arbeitet Holstein die Unterschiede der Jerusalemer und der Paulinischen Kirchenverfassung heraus.

1. Die Jerusalemer Urgemeinde

Zunächst existierte als christliche Gemeinde die Jerusalemer Urgemeinde. Die Jerusalemer Urgemeinde wurde von den dort bleibenden Aposteln geleitet. Die Apostel bildeten eine fest umschriebene Personengruppe. Sie hatten einen alle anderen überragenden, in unmittelbaren Christusoffenbarungen wurzelnden göttlichen Vorzug und waren dadurch zur Leitung berufen. Aus ihrer hervorgehobenen Stellung leiteten sie besondere Rechte ab[337]. Die Gemeinde hatte somit in den Aposteln eine personal-autoritative Leitung. Zusätzlich zu diesem personal-autoritativen Element kommt die besondere Stellung Jerusalems als das Zentrum der einheitlich gedachten christlichen Gemeinde. Jerusalem wurde verstanden als das Zentrum der einheitlich gedachten Kirche.

Zwei Merkmale sind es somit, welche die Jerusalemer Urgemeinde auszeichnen. Zum einen die personal-autoritäre Hierarchie, und zum anderen der unitarische, auf Jerusalem ausgerichtete einheitliche Kirchen- und Gemeindegedanke. Holstein sieht in der Entwicklung von der Jüngergemeinde zu der Jerusalemer Urgemeinde eine "deutliche Akzentverschiebung aus dem Wesentlichen in mehr peripherisch-äußerlich bestimmte Normativelemente"[338]. Die unmittelbare gemeindebildende Wirkung der Reichspredigt wird abgelöst durch menschliche Autorität der Apostel. Erst die Theologie des Paulus setzt hier neue Akzente.

---

336 Grundlagen, S. 50; E. Wolfs Einwand in: Ordnung der Kirche, S. 158, die Begriffe Herrschaftsverband und Genossenschaft seien nicht genuin theologische Begriffe, sondern aus dem politisch-staatlichen Denken abgeleitet, dürfte nur eine sprachliche Kritik sein. Holstein betont, daß die Jüngergemeinde nicht menschlich-soziologischer Natur ist, sondern theonome Sozialität hat. Das entspricht der Christokratie bei E. Wolf.

337 Grundlagen, S. 39.

338 Grundlagen, S. 51.

2. Der Ekklesia-Begriff des Paulus

Ausgangspunkt bei Paulus ist der Geistbegriff, der Begriff des pneuma. "Christus lebt in himmlischer Herrlichkeit bei Gott, und zwar als Geistwesen, als pneuma. ... Es ist der Geist als wesenhafte, elementare Kraft des allmächtigen Gottwillens, der zugleich das erhöhte Christussein bezeichnet; auch der geschichtliche Jesus war schon für seine Umwelt vor allem Geistträger gewesen"[339]. Da Christi Handeln schon zu seinen Lebzeiten Handeln des Geistes Gottes gewesen ist, tritt nach Christi Himmelfahrt keine qualitative Änderung ein. Christus bleibt durch den Geist präsent. Aus diesem Geistbegriff folgt sodann ein neuer Gemeindebegriff, der paulinische Begriff der Ekklesia. Indem das gleiche pneuma die einzelnen Menschen ergreift, verbindet es die Menschen. Der Geist schafft eine Gemeinde. Indem das pneuma "das Leben der Gemeinde bestimmt, fügt es die Wirklichkeit der einzelnen Christen zu einer von innen heraus und von oben herab transsubjektiv bestimmten Gemeinschaft"[340]. Die Gemeinschaft wird also auch nach Christi Himmelfahrt nicht durch die einzelnen Menschen oder durch einen idealistisch verstandenen Gemeinschaftsgeist geschaffen, sondern durch das pneuma, d.h. durch Gott selbst. Es besteht also auch nach Christi Himmelfahrt keine menschliche, sondern eine theonome Sozialität[341]. Der Ekklesia-Begriff des Paulus ist somit die pneumatisierte und verabsolutierte Jüngerschaft Christi. "An die Stelle leiblicher Gefolgschaft des historischen Jesus tritt die Gefolgschaft der in konkreter Geistwirkung Ergriffenen"[342]. Auch bei Paulus besteht die eschatologische Spannung, die sich aus der gegenwärtigen und der zukünftigen Bedeutung der Reichspredigt ergibt. Der Begriff "Ekklesia" ist also nicht identisch mit dem Begriff des Reiches Gottes[343]. Das Reich Gottes ist in seiner vollendeten Form etwas Zukünftiges. Die "gegenwartswirkende Kraft" dieser Reichgottesbotschaft schafft erst die Ekklesia[344].

Was läßt sich daraus für die Ausgangsfrage nach der Möglichkeit des Kirchenrechts folgern? In dem Ekklesia-Begriff des Paulus ist "als in einer wesentlich als religiöser Größe erfaßten Gemeinschaftsform, weder positiv noch negativ etwas über Begriffe und Formen des Rechts ausgesagt"[345]. Der Ekklesia-Begriff des Paulus fügt dem soziologischen Tatbestand der Reichspredigt also nichts Neues hinzu.

---

339 Grundlagen, S. 41.

340 Grundlagen, S. 45.

341 Grundlagen, S. 48.

342 Grundlagen, S. 50.

343 Grundlagen, S. 49.

344 Grundlagen, S. 49.

345 Grundlagen, S. 49.

3. Der Kirchenbegriff bei Luther

Die Leistung Luthers liegt nun, so Holstein, nicht darin, den Kirchenbegriff systematisch weiterentwickelt zu haben, sondern darin, den Paulinischen Kirchenbegriff als unmittelbare Fortsetzung der Jüngergemeinschaft Jesu wieder gefunden zu haben[346]. Ausgangspunkt ist auch für Luther die Reichgottesidee. Sie ist "dynamisch" und es bleibt das "Eschatologische" und damit der "wesensmäßige Spannungscharakter erhalten, während die Gegenwartsaussagen nie ins Institutionell-Gegenständliche verschoben, sondern durchaus als zusammenhaltende geistige Kraft des Wirkens Christi erfaßt werden"[347]. Diese Reichspredigt schafft die Kirche als eine "nicht in dem Gemeinschaftswillen der Einzelnen, sondern in einem Religiös-Objektiven konstituierte" Gemeinschaft[348]. "Die Sozialität ist ... von Gott aus gesetzt und von Christus bestimmt"[349]. Wie für Paulus, so gilt auch für Luther, daß der Kirchenbegriff rein theologisch verstanden ist und "alles Institutionelle eliminiert" ist[350].

4. Der Kirchenbegriff bei Schleiermacher

Auch Schleiermachers Leistung würdigt Holstein zunächst als das Wiederaufgreifen des Paulinischen Ekklesia-Gedankens. Neu bei Schleiermacher ist aber die Bedeutung, die er dem christlichen Gemeinschaftsbegriff zuerkennt. Kirche ist Gemeinschaft der Gläubigen. Schleiermacher erkennt damit die soziologische Dimension der Kirche. Um die Kirche zu verstehen, darf man sie also nicht allein als theologische Größe begreifen, sondern es gilt auch ihr Wesen als Gemeinschaft von Menschen zu erkennen. Kirche ist zwar geistgesetzt, sie ist aber gleichzeitig auch ethisch-soziologisch bedingt. Beide Seiten der einen Kirche dürfen nicht getrennt werden. Dies gelingt Schleiermacher, so Holstein, durch die Einführung des Organismusbegriffs: Der große sozialphilosophische Begriff des deutschen Idealismus ... und die paulinische Vorstellung des soma christou in ihrer Urform schließen sich so mit dem ethischen Aktivismus und der eschatologischen Handlungsbezogenheit zu einer Einheit zusammen."[351] Der Organismusgedanke schafft mithin die Möglichkeit, die Kirche als geistige und weltliche Größe zusammenzufassen. Beide Seiten sind als Elemente des einen Organismus aufeinander bezogen. Allerdings

---

346 Grundlagen, S. 75 f., 81 f.

347 Grundlagen, S. 81.

348 Grundlagen, S. 77.

349 Grundlagen, S. 78.

350 Grundlagen, S. 82.

351 Grundlagen, S. 145.

bleibt ein großer Unterschied zwischen einem menschlichen Organismus und dem Organismus Kirche: Während der menschliche Organismus eine durch menschliche Sozialität begründete Gemeinschaft ist, ist die Kirche eine durch den heiligen Geist gesetzte Größe. Kirche ist also nicht verstehbar als eine Form menschlich-sozialer Gruppenbildung, sie ist aber als Kirche in der Welt immer auch menschlich-soziale Gemeinschaft. Kirche bleibt für Schleiermacher daher auch als Organismus "transpersonal, theonom und christozentrisch"[352].

Der Organismusgedanke gibt Schleiermacher ferner die Möglichkeit, die "individualistische Einseitigkeit" der zu seiner Zeit vorherrschenden "naturrechtlich-rationalistischen Kollegialtheorie" zu überwinden, indem er das Verfassungsproblem der Kirche "als einer zwar aus Individuen geformten, aber sich zu überindividueller Einheit und Ganzheit erhebenden Größe" behandelt[353]. Schließlich kann Schleiermacher durch die Organismustheorie die Trennung von Staat und Kirche begründen: Jeder Organismus ist geistig individuell gefaßt. Folglich bestehen die Organismen Kirche und Staat als eigenständige, voneinander selbständige "wesenhaft verschiedene Größen". Daraus folgt dann auch, daß das Organisationsproblem der Kirche nicht vergleichbar ist mit dem des Staates[354].

5. Holsteins metajuristischer Kirchenbegriff

Auch Holsteins eigene Definition von Kirche soll nur der Versuch sein, zu Paulus zurückzukehren und die Gemeinschaft Christi über dessen Tod hinaus in ihrer eschatologischen Spannung begrifflich zu erfassen. Gleichzeitig versucht er aber auch die Kirche als soziologische Größe in dieser Welt zu erfassen. Kirche ist danach die "wesenseigene Gemeinschaftsform des Christentums". Sie ist "der mit dem Absolutheitsanspruch an Individuum, Gemeinschaft und Geschichte herantretende, sich bewußt christozentrisch verfassende geistliche Sozialorganismus"[355]. Dieser eher religionswissenschaftlich-soziologischen Definition stellt Holstein eine christlich-theologische, oder wie er selber sagt, eine "mehr von innen heraus gefaßte" zweite zur Seite: "Kirche ist die von ihrem eigenen Glaubensbewußtsein als gottgesetzt und geistgewirkt erfaßte, gliedhaft verbundene Gemeinschaft christusergriffener und christushingegebener Menschen, die in ihm ein neues, von ursündiger Zerrissenheit erlösendes und rechtfertigendes Leben aus göttlicher

352 Grundlagen, S. 144, auch S. 146 f., 156.
353 Grundlagen, S. 163.
354 Grundlagen, S. 149 f.
355 Grundlagen, S. 212.

Gnadenkraft im Glauben empfangen"[356].

Zum Verständnis dieser Definitionen darf man das erkenntnisleitende Interesse Holsteins nicht aus den Augen verlieren: Anders als Paulus, Luther und Schleiermacher hat Holstein das Ziel, eine Rechtfertigung des Kirchenrechts im zwanzigsten Jahrhundert zu leisten. Deshalb betont er so deutlich, daß es sich bei der Gestaltwerdung der Kirche um einen theologischen und soziologischen Vorgang handelt, der sich "unabhängig vom und gedanklich vor dem Recht"[357] vollzieht. "Es sind metajuristische Tatsachen im eigentlichen Sinn, die nicht vom Recht konstituiert sind, sondern schon ohne das Recht ihre Existenz haben"[358]. Die Ausgangsfrage nach der Möglichkeit und dem Inhalt des Kirchenrechts läßt sich folglich weder durch die Reichspredigt Christi, noch durch den daraus folgenden Kirchenbegriff beantworten.

IV. Schlußbemerkungen

1. Für Holstein ist kirchenrechtliche Theorie nicht nur juristische, sondern stets auch theologische Lehre[359]. Holstein faßt das Kirchenrecht also, wie später einmal von dem Kirchenrechtler Barion treffend formuliert wurde, als "Funktion der Theologie" auf. Das Kirchenrecht kann nicht unabhängig von seinen theologischen Voraussetzungen entwickelt werden. Umgekehrt ist für Holstein aber die Frage des Kirchenrechts, also die Frage nach Form und Inhalt der Glaubensgemeinschaft "Kirche" auch ein zentrales Problem der Theologie. Diese Erkenntnis übernimmt Holstein von R. Sohm. Es ist das unbestrittene Verdienst R. Sohms, die Frage der Kirchenorganisation aus dem Randbereich evangelischtheologischer Erörterungen, in die sie seit der Entstehung des Landesherrlichen Kirchenregiments geraten war, wieder in das Zentrum zurückzuführen[360].

Damit leitet Holstein die Abkehr vom Positivismus ein, der in der deutschen Kirchenrechtswissenschaft seit der Mitte des 19. Jahrhunderts vorherrschend war. Holstein ist der erste bedeutendere Kirchenrechtler, der die positivistische Tradition überwunden hat[361].

---

356 Grundlagen, S. 213 f.

357 Grundlagen, S. 214.

358 Grundlagen, S. 214.

359 Grundlagen, S. 229.

360 Grundlagen, S. 34.

361 Vgl. E. Wolf, Ordnung der Kirche, S. 485.

2. Holstein ist der erste Kirchenrechtler, der den eschatologischen Reichgottesbegriff aufgreift und zum Ausgangspunkt kirchenrechtlicher Untersuchungen macht. Die Botschaft vom Kommen des Reiches Christi ist Voraussetzung des Kirchenrechts, bestimmt seinen Inhalt und begrenzt es auch. Bei der Analyse des Reichgottesbegriffs zeigt er theologische Kenntnisse, die ihm zu Recht den Ehrendoktor der theologischen Fakultät Greifswald eingebracht haben. Zwar dürfte schon Rudolf Sohm einen eschatologischen Reichgottesbegriff erahnt haben. Er spielt bei ihm jedoch eine lediglich untergeordnete Rolle[362].

Das Ergebnis ist der Eingang des eschatologische Kirchenbegriffs in das Kirchenrecht. Zwar enthält Christi Botschaft vom Kommen des Reich Gottes selber keine soziologische, rechtliche oder kirchenorganisatorische Elemente. Aber die Botschaft Christi wirkt nach Christi Himmelfahrt soziologisch (weiter), indem sie die Gemeinschaft der Glaubenden, die Kirche, schafft. Diese Kirche ist eschatologisch. Die Glaubenden sind "die Genossen des künftigen eschatologischen Reichs, sie haben dies Reich in der Hoffnung und indem sie sich zugleich als die dem Gotteskönigtum unterworfenen fühlen, ist dies Reich schon subjektiv für sie vorhanden, wenn auch das reale, objektive Reich der Endvollendung noch aussteht. Oder anders gefaßt: Die Gemeinschaft, die entstanden ist, ist einmal Wirkung der Reichspredigt, zum zweiten steht sie in einer teleologischen Beziehung zum eschatologischen Reich"[363].

Daß die Leistung Holsteins, als erster den eschatologischen Kirchenbegriff für die Kirchenrechtswissenschaft nutzbar gemacht zu haben so wenig bekannt ist, ist leicht verständlich. Als Holsteins Lehrbuch Ende des Jahres 1928 erschien, waren es nur noch vier Jahre bis zu der Machtübernahme der Nationalsozialisten und damit bis zu dem vorläufigen Ende der freien Kirchenrechtswissenschaft. Bei dem Neuanfang nach 1945 war, nicht zuletzt aufgrund des "Siegeszuges" der dialektischen Theologie und der Bekennenden Kirche der eschatologische Gedanke so weit Allgemeingut geworden, daß auf Holstein nicht mehr zurückgegriffen zu werden brauchte.

3. Holstein ist vorgeworfen worden, er entwickle die Kirche nach dem Vorbild der idealistischen Denkfigur des Organismus. Seinem Kirchenrecht liege deshalb

---

362 R. Sohm 1893, Kirchenrecht, Bd. 1, S. 463 ff., 468, 469; Holstein Grundlagen, S. 5.

363 Grundlagen, S. 28; es kann hier aus Holsteins Erörterung der Jüngergemeinde zitiert werden, denn "der Ekklesia-Begriff des Paulus ist der pneumatisierte und verabsolutierte Ekklesia-Begriff der Evangelien: An die Stelle der leiblichen Gefolgschaft des historischen Jesus tritt die Gefolgschaft der in konkreter Geistwirkung Christusergriffenen." S. 50.

letztlich kein christliches, sondern ein menschlich-soziales Gemeinschaftsverständnis zugrunde[364]. Soweit sich diese Kritik gegen Holsteins Kirchenbegriff wendet, ist sie, wie gezeigt, nicht berechtigt. Holstein arbeitet genau den Unterschied von menschlicher und göttlicher Sozialität heraus. Er legt großen Wert darauf, daß die christliche Gemeinschaft nicht durch einen von ihr selbst erzeugten Gemeinschaftsgeist geschaffen wird[365]. "Es handelt sich also nicht um einen Volksgeist, einen wirklichen oder künftigen oder um einen anderen, von der Sozialität und aus ihr heraus erzeugten Gesamtgeist, sondern um einen Geist, der von oben kommt und als solcher im Bewußtsein wirkt und Bewußtheit erzeugt"[366]. Dazu kommt, daß der Begriff des Organismus letztlich zu beliebig ist, als daß an ihm eine klare Kritik festgemacht werden könnte. Inwieweit Holstein die menschliche Sozialität als Maßstab für eine Kirchenverfassung nimmt, ist erst weiter unten zu klären.

V. Exkurs: Die Entstehung des Kirchenrechts

Bevor Holstein nun versucht, vor dem Hintergrund des soeben entwickelten Kirchenbegriffs die Frage nach der Möglichkeit des Kirchenrechts systematisch zu erörtern, beginnt er mit einer historischen Untersuchung der Entstehung des Kirchenrechts. Wie kam die "eigentümliche religiöse Sozialität der urchristlichen Gemeinschaft zu einer Rechtsform"[367]? Man kann seine Ausführungen in der These zusammenfassen: Von Anfang an gibt es unter Christen eine Ordnung. Diese Ordnung ist "embryonales" oder "urförmiges" Recht [368]. Schon die Feier eines gemeinsamen Gottesdienstes oder Abendmahles bedarf einer Ordnung und bestimmter Personen, die besondere Handlungen vornehmen. Diese Sicherung bestimmter Handlungsabfolgen und Verhaltensformen enthält aber schon ein Stück Ordnungsfunktion innerhalb der sozialen Gemeinschaft. Sie ist somit ein Stück Rechtsordnung. Diesem Recht kommt von Anfang an Ordnungsfunktion innerhalb der sozialen Gemeinschaft der Christen zu. Sie bedürfen, wie jede andere soziale Gemeinschaft von Anfang rechtlicher Regelungen.

Diese ersten rechtlichen Regeln nennt Holstein "urförmiges" oder "embryonales" Recht. In der Urkirche gab es noch keine festen Organisationsformen und Kom-

---

364 C. Link, Grundlagen der Kirchenverfassung im lutherischen Konfessionalismus, S. 260 f.; E. Wolf, Ordnung der Kirche, S. 158.

365 Grundlagen, S. 48.

366 Grundlagen, S. 46 f.

367 Grundlagen, S. 57.

368 Vgl. dazu und im folgenden: Grundlagen, S. 56-64.

petenzregelungen. Es fehlten geschlossenen Ältestenkollegien mit fest umschriebenen Kompetenzbereichen oder geregelten Mitgliedschaftsformen der Gemeindemitglieder. Aber auch die Existenz locker organisierter Gemeinden und Ältestenkollegien sind nicht nur Dinge rein tatsächlichen Daseins. Es sind nicht mehr Vorgänge, die sich in einer einmaligen Aktualisierung erschöpfen, sondern es sind "in sich zusammenhängende Verwirklichungen einheitlicher Prinzipien, kontinuierliche Ordnungen mit bindendem Charakter für die Sozialsphäre, d.h. eben Rechtsnormen"[369]. Scharf gefaßte Kompetenzabgrenzungen innerhalb einer Gemeinschaft gehören auch nicht notwendig zu einem staatlichen Rechtssystem, wie das Beispiel des englischen Staatsrechts, aber auch ungeschriebenes Verfassungsrechts in einem modernen Staat zeigt. Gewiß gibt es Unterschiede zwischen dem Recht der Urkirche und dem Recht der Gegenwart. Das Recht der Urkirche steht zwischen werdendem Recht und formalisiertem Recht. Es ist urförmiges, embryonales Recht. Urförmiges Recht lebt "in der unmittelbaren Verflochtenheit von Normen und Normengefolgschaft; erst der Bruch der Gefolgschaft muß ... die notwendige begriffliche Begrenzung bringen"[370].

Der geistliche Charakter des Rechts wird zweifach bedeutsam: Zum einen ist das Kirchenrecht "deklaratorisch" und nicht "konstitutiv". Die Gemeinde kann zwar ein Amt durch Gemeindebeschluß übertragen. Dieser Gemeindebeschluß setzt aber nicht den Inhalt der Amtsausübung fest. "Dieser ist vielmehr gerade von der Geistbegabung des Charismas abhängig"[371]. Das Kirchenrecht ist damit eine charismatische Ordnung[372]. Zum anderen ist Kirchenrecht "Recht, das in der vom pneuma bewegten Gemeinschaft existiert und in seiner Ordnungsfunktion im Dienste des Pneumas steht; es stört nicht das religiöse Leben der Christenheit, sondern hat umgekehrt dies religiöse Leben zur Voraussetzung. So trägt es selbst zur Entfaltung dieses religiösen Lebens bei, indem es dessen Wirkungsmöglichkeiten gegenüber sozialstörenden Mächten sicherstellt"[373].

---

369 Grundlagen, S. 59.
370 Grundlagen, S. 57, 59.
371 Grundlagen, S. 58.
372 Grundlagen, S. 64.
373 Grundlagen, S. 59.

C. Rechtstheologie

I. Das Problem des Kirchenrechts

Das tatsächliche Entstehen des Kirchenrechts bedeutet aber noch nicht dessen Legitimation. Holstein fragt daher: "Wie kommt es von einem so ganz von innen her gesehenen und an allen entscheidenden Punkten auf ein bewußtes Festhalten dieser Innerlichkeit abgestellten Kirchenbegriff zu irgendeiner Form rechtlicher Gestaltung und irgendeinem Ansatzpunkt äußerer Organisation, ja, ist solche Gestaltung und solche Organisation gegenüber der Energie, mit der die zentrale Geistbestimtheit der kirchlichen Gemeinschaft betont wird, überhaupt möglich"[374]?

Bei der katholischen Kirche sieht Holstein das Problem folgendermaßen gelöst: Auch die soziologische Struktur der katholischen Kirche ist nicht eine Gemeinschaft derer, die sich aus freiem Willensentschluß zu Christus bekennen, sondern eine durch Christus selbst zusammengeschlossene Gemeinschaft. In Holsteins Terminologie heißt das: Auch die katholische Kirche ist keine autonome Genossenschaft, sondern eine Gefolgschaftsgemeinschaft. "Das Entscheidende ist nun für die katholische Auffassung, daß sie unmittelbar den metajuristisch-soziologischen Tatbestand des religiösen Herrschaftsverbandes in einen genau entsprechenden juristischen Tatbestand transponiert und für die Kirche eine juristische Erscheinungs- und Organisationsform ... als Herrschaftsverband konstruiert"[375]. Die Kirche wird als "juridische Anstalt" verstanden mit einem "autoritären Amt" und einem "autoritären Recht". Amt und Recht sind "heiliger Art" und mit "göttlicher Vollmacht" versehen[376].

R. Sohm löste das Problem des Kirchenrechts durch eine völlige Negation jeglichen Rechts in der Kirche. In seinem 1892 veröffentlichten ersten Band seines Kirchenrechtslehrbuchs schrieb er: "Das Kirchenrecht steht mit dem Wesen der Kirche in Widerspruch." Denn: "Das Wesen der Kirche ist geistlich; das Wesen des Rechts ist weltlich." Kirchenrecht sei daher ein Widerspruch in sich. In der wahren Kirche dürfe es kein Recht geben, sondern nur das freie Wirken des Geistes[377].

---

374 Grundlagen; S. 82 f.

375 Grundlagen, S. 215.

376 Grundlagen, S. 215.

377 R. Sohm, Kirchenrecht, Bd. 1, Vorwort.

II. Holsteins Lösungsansatz

Holstein stellt zunächst fest, daß die Frage, ob Kirchenrecht möglich ist, in dieser juristischen Schärfe von Luther nicht gestellt worden ist. Eine Lösung muß daher eigene Wege gehen und kann nur versuchen, Luthers Gesamtanschauung zu berücksichtigen[378]. Holsteins eigene Antwort lautet: "Recht und Kirche - beide sind gottgesetzte Größen. ... So gewiß alles, was von Gott gesetzt ist, für das geistliche Bewußtsein in einer inneren Harmonie zu einander stehen muß, so gewiß können also auch Rechtsordnung und Kirche nicht in einem völlig negativen Verhältnis zu einander stehen"[379].

1. Schöpfungstheologie

a. Holstein verwendet hier Argumente einer Schöpfungstheologie: Die Schöpfung ist der Anfang der Geschichte Gottes mit den Menschen. Diese Geschichte ist gestört durch den Sündenfall und zielt auf die Erlösung durch Gott, auf die Neuschöpfung ab. Um zu verhindern, daß der sündige Mensch Gottes Schöpfung zerstört, hat Gott das Recht geschaffen. "Rechtsordnung soll aus göttlichem Ratschluß den Bestand der Schöpfung sichern, indem sie die Urnormen Gottes zur Geltung bringt auch gegenüber dem sündigen, wider Gott und seine Ordnung streitenden Frevler: Strafe und Sühne sind nichts anderes, als das Sich-Durchsetzten der Norm gegen den Normbrecher"[380]. So sind in der Größe Recht "beide Welten miteinander verbunden: Recht sucht aus jener Welt diese zu gestalten"[381]. Recht ist damit das notwendige "Korrelat" zu der Sünde: "Durch Recht und Gerechtigkeit kommt Gottes Allmacht souverän auch in der sündigen Welt zur Geltung und hält sie trotz des individualistisch-sündigen Gegenwillens in den ihr schöpfungsmäßig zugewiesenen Bahnen"[382]. Recht ist, wie Holstein prägnant formuliert, "der ordnende und formende, in das Gemeinschaftsleben dieser Welt hineinwirkende Gotteswille"[383].

Die Kirche dagegen ist "Gemeinschaft der Erlösung durch das Werk Christi. Hier geht es um Neuschöpfung und Neuwerdung des Menschen"[384]. Aber: Auch diese "geistliche, göttliche, von jenseits gesetzte Größe"[385] wirkt in der Welt der Men-

---

378 Grundlagen, S. 85.
379 Grundlagen, S. 225.
380 Grundlagen, S. 226.
381 Grundlagen, S. 223.
382 Grundlagen, S. 223.
383 Grundlagen, S. 223 f.
384 Grundlagen, S. 226.
385 Grundlagen, S. 223.

schen "als Gemeinschaft, die das Wort trägt, missionierend ... , indem sie die Menschen ruft unter die Herrschaft des Wortes ... , indem sie aus dem Wort Menschen, Dinge und Institutionen richtet"[386]. So ist auch die Kirche eine göttliche Größe, die, "weil diese Welt noch nicht der Zustand der Endvollendung und des erfüllten Gottesreiches ist, mitten hineingestellt (ist) in die ganze Spannung eben dieser Welt. Das heißt aber, daß auch die Kirche als Gemeinschaft der Gläubigen in diesem Kampf mit der Sünde in ihm mit ihr steht"[387].

Der qualitative Unterschied der beiden göttlich-weltlichen Größen besteht aus Holsteins Sicht darin, daß Rechtsordnung Bestandteil der Schöpfungsordnung, Kirche dagegen Bestandteil der Erlösungsordnung ist[388]. Recht und Kirche sind also "gleicherweise in Gottes Willen verwurzelt, aber das Recht schaut rückwärts und empfängt seine Kraft vom Ursinn der Schöpfung her als deren über und trotz der Sünde weiterwirkende Ordnungsmacht, während die Kirche vorwärts blickt als Trägerin der Kräfte, in denen Gottes Herrschaft und Endvollendung nahe herbeigekommen sind"[389].

b. Holsteins Schöpfungslehre unterscheidet sich wesentlich von einer "Theologie der Ordnungen"[390]. Die "Theologie der Ordnungen" stammt aus dem Neuluthertum des 19. Jahrhunderts. Sie versteht konkrete Lebensordnungen, in denen der Mensch steht, wie Ehe und Familie, Eigentum, Staat oder Volk als Schöpfungen Gottes, die für den Menschen eine Geboteordnung darstellen. Diese Ordnungen werden als Bestandteile einer intakten Schöpfung oder als von der Sünde bestimmte Erhaltungsordnungen gedeutet. Sie stellen einen inhaltlichen Maßstab für das Recht dar.

Genau das ist bei Holstein aber nicht der Fall. Holstein leitet aus der Schöpfungsordnung keine Inhalte für das positive Recht ab. Die Schöpfungstheologie dient bei ihm allein der Verhältnisbestimmung von Kirche, Staat und Recht in dieser Welt[391]. Holstein versucht damit eine Gesamtdeutung der christlich verstandenen Wirklichkeit und des Problems des Verhältnisses von Göttlichem und des

386 Grundlagen, S. 223.

387 Grundlagen, S. 224.

388 Grundlagen, S. 225 f.

389 Grundlagen, S. 226.

390 Vgl. M. Honecker, Einführung in die Theologische Ethik, S. 291-303; F. Lau, Art. Schöpfungsordnung, in: RGG 3. Aufl., Bd. 5, Sp. 1492 f.

391 Grundlagen, S. 141.

Menschlichem in der Welt zu geben[392].

2. Geistkirche und Rechtskirche

Das Ergebnis von Holsteins Überlegungen ist, daß er der eingangs erwähnten Sohmschen These vom Widerspruch von Kirche und Recht entgegenhalten kann, Kirchenrecht ist nicht nur möglich, sondern nötig. Die Kirche bedarf in dieser Welt des Rechts. Das Verhältnis der Kirche zum Recht "ist geregelt im Sinne einer doppelten Position: Indem die Kirche Trägerin des Wortes, Gemeinschaft des Christusgeistes ist ... steht sie als Erlösungsordnung ... über der Schöpfungsordnung und damit über und jenseits des Rechts ... ; indem aber die Kirche gebildet wird von Menschen, die in allen Spannungen der sündig gewordenen Schöpfung stehen und in dem alles kirchliche Handeln sich durch Menschen auswirkt, steht sie auch unter der Normgewalt der Schöpfungsordnung des Rechts." Oder an andere Stelle: "Kirche als Erlösungsordnung, d.h. Kirche als die von Gott und Christus aus gesehene Gemeinschaft der Erlösten"[393], ist Kirche als Wesenskirche und Geistkirche. Sie steht jenseits und über dem Recht. "Kirche vom Menschen aus gesehen, Kirche als geschichtliche Gemeinschaft und soziale Erscheinung ... soweit sie in den Spannungen dieser Welt steht und stehen muß, ist auch der Schöpfungsordnung ... und damit der ... Macht des Rechts unterworfen"[394].

Die Rechtsordnung hat also "mit dem Augenblick, wo sie auf den Anspruch verzichtet, Erlösungsordnung zu sein, die Gewissen zu binden und mit ihrem Zwang von sich aus die Wesenskirche zu konstituieren, wo sie sich also nur noch als menschliche Erfüllung der Schöpfungsordnung ... fühlt, das Wesenswidrige und Unrechte verloren; sie wird für die ... Kirche ... tragbar"[395]. Rechtsordnung in der Kirche ist daher "möglich, insofern sie nicht die Gewissen binden und das Wesen der Kirche als einer freien Heilsordnung des im Worte wirkenden Christusgeistes verändern will. ... Rechtsordnung ist notwendig, insofern die Wesenskirche nie rein, sondern stets in empirischer Trübung in geschichtliche Wirklichkeit tritt." Die Rechtsordnung muß dabei stets der "Sicherung und Entfaltung der Wesenskirche dienen"[396].

---

392 Damit entspricht die Fragestellung von Holsteins Schöpfungstheologie eher der Thematik von Gesetz und Evangelium.(Die katholische Formulierung dieser Thematik lautet 'Gesetz und Gnade'). Vgl.: M. Honecker, Einführung in die Theologische Ethik, S. 60-81.

393 Grundlagen, S. 227.

394 Grundlagen, S. 227.

395 Grundlagen, S. 88.

396 Grundlagen, S. 88.

Die Thematik des Kirchenrechts spitzt sich dann auf die Problematik der Konkretisierung des Dualismus von Geist- und Rechtskirche zu. Holstein formuliert folgendermaßen: "Die in der Hauptschaft Christi herrschaftlich verwurzelte Gefolgschaftsgemeinschaft des mystischen soma christou, als einer überweltlichen Größe dort - die in der Gleichberechtigung der Kirchenmitglieder untereinander begründete genossenschaftliche Grundordnung hier; das sind die beiden Grundpole, das ist die Spannung und Antithese, in der die ganze Tiefe, aber auch die ganze Problemfülle der evangelischen Kirchenrechtsauffassung liegt"[397].

Es entsteht also ein Dualismus[398]: Kirche als geschichtliche Erscheinung ist Rechtskirche und steht unter dem Recht. Kirche als Gemeinschaft der Christusergriffenen ist Geistkirche und steht über dem Recht. Die Ausgestaltung dieses Dualismus muß sowohl die Einheit als auch die Trennung von Geist- und Rechtskirche sicherstellen. Rechts- und Geistkirche dürfen nicht unverbunden nebeneinander stehen. Genauso wenig aber darf die Geistkirche die Rechtskirche verdrängen oder die Rechtskirche die Geistkirche schlucken. Nur die spannungsreiche Einheit von Geist- und Rechtskirche gewährleistet, daß die Geistkirche, und damit Christus selber die Kirche leitet. Die alleinige Aufgabe der Rechtskirche ist es, die Entfaltung der Geistkirche und damit das freie Wirken des Geistes zu ermöglichen.

3. Anstalt und Genossenschaft

Wie wird dieser spannungsreiche Dualismus von Geist- und Rechtskirche juristisch gesichert? Dies gelang, so Holstein, der katholischen Kirche und R. Sohm auf entgegengesetzte Art und Weise nicht: In der katholischen Kirche verdränge die Rechtskirche die Geistkirche. Die menschlichen Regelungen werden über das freie Wirken des Geistes gestellt. Das katholische Kirchenrecht regele also Bereiche, die dem freien Walten des Geistes überlassen bleiben müßten. Bei R. Sohm dagegen schlucke die Geistkirche die Rechtskirche. R. Sohm ziehe die Grenze von Geist- und Rechtskirche überhaupt nicht. Er gehe vielmehr davon aus, daß es eine Rechtskirche überhaupt nicht geben dürfe. Damit verkenne er die Gegebenheiten in dieser Welt.

Holstein versucht den Dualismus von Geist- und Rechtskirche dadurch zu si-

---

397 Grundlagen, S. 228.

398 Holstein spricht auch von Polarität, doppelter Betrachtungsweise, doppelter Perspektive oder er verwendet die Formulierung die Kirche *als* Geistkirche bzw. *als* Rechtskirche (alles Seite 260) oder er spricht der mehrfachen Möglichkeit, die reale Lebensgröße 'Kirche' anzusehen, die ebenso einer veschiedenen Art der Herausarbeitung bestimmter Lebensbeziehungen in ihr entspreche (S. 257).

chern, daß er eben diesen Dualismus noch einmal in der Rechtskirche selbst abbildet. Dadurch soll die Spannung von Geist- und Rechtskirche in die Rechtskirche selbst aufgenommen werden.

Juristisch erfolgt dies durch die Konstruktion eines Dualismus von Anstalt und Genossenschaft in der Rechtskirche. Der Dualismus von Geist- und Rechtskirche wird also durch den Dualismus von Anstalt und Genossenschaft abgebildet. Während das Recht der Genossenschaft von den Kirchenmitgliedern begründet wird, ist das Recht der Anstalt unabhängig von ihren Benutzern. Es wird allein von der Geistkirche gesetzt. Die anstalts- oder stiftungsmäßige Konstruktion ermöglicht daher, ein Recht der Geistkirche unabhängig von dem bestimmenden Willen der Kirchengenossen und dieses rein auf die Entfaltung des überindividuellen Geistlebens der Kirche auszurichten[399]. "Überall, wo die Geistkirche nicht von der Rechtskirche überwuchert, begrenzt und verkürzt werden darf, muß deren sonstige genossenschaftliche Organisation durch Elemente des Anstaltlichen und Stiftungsmäßigen modifiziert und eingeschränkt werden. Insofern kann man sagen: Die Verbindung von anstaltlichem und genossenschaftlichem Element entspricht dem Wesen des evangelischen Kirchenrechts, denn in ihm kommt die Doppelheit der Geistkirche und der Rechtskirche zu dem juridischen Ausdruck"[400].

Nun betont Holstein aber gleich wieder, daß die Geistkirche eine metajuristische Größe ist und damit auch nicht in juristischer Gestalt abgebildet werden könne. Es handele sich daher nicht darum, einen zweiten juristischen Tatbestand in einen ersten zu fügen, sondern darum, einem nichtjuristischen Tatbestand innerhalb einer juristischen Umwelt Geltung zu verschaffen. Nun brauche aber dieser nichtjuristische Tatbestand, um den juristischen Faktoren gegenüber zur Geltung zu kommen, ein Minimum von konkreten juristischen Sätzen. Denn die Heraushebung nichtjuristischer, das Wesen einer Sache und damit auch deren juristische Behandlung nach bestimmten Seiten hin wenigstens negativ bestimmender Tatsachen bedürfe von juristischer Seite aus gesehen eben wieder eines juristischen Satzes. Aber Holstein betont, daß nur die Herausarbeitung des Schnittpunktes zwischen Rechts- und Geistleben der Kirche von der juristischen Seite her erfaßbar und mit der Rechtsfigur der Anstalt charakterisierbar sei. Das spezifische Geistleben der Kirche hinter diesem Schnittpunkt liege dagegen jenseits allen Rechts und sei deswegen vom Recht überhaupt nicht mehr erfaßbar oder gestaltbar[401].

---

399 Grundlagen; S. 259.
400 Grundlagen; S. 259.
401 Grundlagen; S. 261 f.

4. Kritik

Holsteins Ziel war es, ein Kirchenrecht zu entwickeln, welches das freie Wirken des Geistes fördert. Dazu trennte er Geist- und Rechtskirche und bildete diese Trennung noch einmal in der Rechtskirche durch den Dualismus von Anstalt und Genossenschaft ab. Das Wirken des Geistes könne, so Holstein, nicht von menschlichem Recht beeinträchtigt werden, da die Genossenschaft und damit das Kirchenrecht von der Anstalt begrenzt werde.

Ob Holstein damit sein Ziel erreicht, ist fraglich. Holstein entgeht zwar dem Fehler, den Geist Gottes mit dem Volksgeist eines Organismus gleichzusetzen. Das gelingt ihm, indem er den Organismus Kirche auf theonome Sozialität aufbaut. Wenn er aber versucht, den Geist Gottes durch die metajuristische Größe der Geistkirche und durch die Rechtsfigur der Anstalt vor der Rechtskirche zu sichern, grenzt er damit das Wirken des Geistes von vornherein auf Geistkirche und Anstalt ein.

Damit begeht er theologisch den Fehler, den Geist Gottes nur über eine transpersonale Größe eingegrenzt auf die Menschen wirken zu lassen. Der Geist Gottes kann so nicht in den Menschen unmittelbar wirken. Die Anstalt wird somit zu einer Zwischenebene zwischen Gott und den Menschen.

Aber auch juristisch will Holstein Unmögliches. Holstein verwendet die Rechtsform der Anstalt, nicht um Rechtssphären zweier Menschen voneinander abzugrenzen, sondern um den Menschen vor sich selbst zu schützen. Der Mensch soll sich eine Anstalt schaffen, um zu verhindern, daß er sich selbst den Zugang zu dem Wort Gottes verschließt. Ein solches Rechtsinstitut, welches den Menschen vor sich selbst schützen soll, überdehnt die Möglichkeiten des Rechts.

So ist Holstein nur bis zu der vorjuristischen Gegenüberstellung von Geist- und Rechtskirche zu folgen. Die Abbildung und Sicherung dieses Dualismus durch Anstalt und Genossenschaft ist dagegen abzulehnen.

III. Rechtsbegriff

Vor dem Hintergrund des soeben Geschilderten soll Holsteins Begriff des Kirchenrechts genauer untersucht werden.

1. Der nicht-etatistische Rechtsbegriff

Recht existiert für Holstein unabhängig von und neben dem Staat. Man kann dies als einen "nicht-etatistischen" Rechtsbegriff bezeichnen. Recht ist nicht notwendigerweise staatliches Recht. Recht ist unmittelbarer Gotteswille, der von den Menschen in positives Recht umgesetzt worden ist, sei es als staatliches Recht, sei es als kirchliches Recht. Holstein begründet also durch die "Schöpfungstheologie" die "Möglichkeit einer Entstehung wirklichen Rechts unabhängig von und neben dem Recht des Staates"[402].

Daneben übernimmt Holstein die Begründung des nicht-etatistischen Rechtsbegriffs, wahrscheinlich vermittelt durch Otto v. Gierke, den er in Berlin als Student hörte, von Savigny und der historischen Rechtsschule. Für Savigny war Recht nicht ein "rationales Produkt des staatlichen Gesetzgebers". Er verstand Recht vielmehr "als Teil der Gesamtkultur", das "still aus dem kollektiven Unterbewußtsein" eines Volkes entsteht[403], ähnlich wie die Romantik auch das Volkslied und die Volkssagen im Volk sich von selbst entwickeln läßt. Holstein selbst zitiert Georg Friedrich Puchta, den Schüler Savignys: "Das Recht ist etwas über dem Staate stehendes: Nicht das Recht hervorzubringen, sondern es zu schützen und in Wirkung zu setzen, ist die Aufgabe des Staates"[404]. Recht wird also nicht vom Staat geschaffen, sondern durch die ursprüngliche Sozialität des Menschen[405].

2. Der einheitliche Rechtsbegriff

Von einem nicht-etatistischen Rechtsbegriff ist der Schritt zu einem einheitlichen, kirchliches wie weltliches Recht umfassenden Rechtsbegriff nicht weit. Wenn Recht "der ordnende und formende, in das Gemeinschaftsleben dieser Welt hineinwirkende Gotteswille" ist, der die Schöpfung vor dem sündigen Menschen bewahren soll, gilt dies für das staatliche Recht ebenso wie für das kirchliche Recht. Dieser Gotteswille ist der gleiche in Kirche und Staat. Kirche und Staat bedienen sich seiner, um die Schöpfung vor dem sündigen Menschen zu bewahren.

Auch der Rechtsbegriff der historischen Rechtsschule führt zu einem einheitlichen Rechtsbegriff. Kirchenvolk und Staatsvolk sind identisch. Da ein Volk nur ein Volksbewußtsein hat, kann es auch nur eine Art von Recht geben. Kirchenrecht und staatliches Recht sind daher qualitativ gleichartig.

Holstein kann also schreiben: "Es gibt kein wesenhaft verschiedenes kirchliches und weltliches Recht, sondern alles Recht ist in diesem Sinne der Herkunft seiner Satzung, nicht der religiösen Wertung, weltlich"[406]. Dieser Satz enthält aber eine

---

402 Grundlagen, S. 141.

403 F. Wieacker Privatrechtsgeschichte der Neuzeit, S. 357 f.

404 Grundlagen, S. 166.

405 Grundlagen, S. 166.

406 Grundlagen, S. 87. Das zeigt, daß man Holstein nicht einfach in das Schema monistisch-dualistisch einordnen kann. So aber: S. Grundmann, Zur Einführung: Evangelisches Kir-

wichtige Einschränkung. Die Gleichartigkeit bezieht sich nur auf die Herkunft. Staatliches wie auch kirchliches Recht sind menschliches Recht. In ihrer religiösen Wertung sind beide Rechte dagegen verschieden. Holstein geht diesem Gedanken allerdings nicht weiter nach. Eine eingehendere rechtstheoretische Analyse von Kirchenrecht und staatlichem Recht hat er nicht vorgenommen.

3. Bedeutung von Schrift, Bekenntnis und Dogma für das Kirchenrecht

a. Schrift

Die Bibel ist Wort Gottes und somit inspiriert. Aber es handelt sich hierbei nicht um eine Verbalinspiration. Die Bibel ist keine Lehre im Sinne eines inspirierten, logisch entwickelten Systems. Genauso wenig ist sie ein sakrales Gesetzbuch, in dem jedes Wort normative Bedeutung hat. Sie ist auch nicht inspiriert als "Buch irrtumsfreier Wiedergabe äußerer, profaner Geschichte"[407]. Zu guter letzt ist die Bibel "auch nicht lediglich Buch unter Büchern, Anthologie religiöser Dichtung, document humain als ein Buch des Gottsuchens in alter Zeit"[408]. Es ist ein "Buch vom Gottfinden und ein Buch vom Zeugnis des Gottfindens oder noch besser ein Buch und ein Zeugnis des von Gott gefundenen Werdens; es ist die Rede gottergriffener Menschen von und aus ihrer Gottergriffenheit, die darum selber Träger der wirkenden Gottesmacht sind, die ihr Leben bestimmt und sich darum in ihrem Leben offenbart"[409]. Die Bibel ist somit nicht "mechanisch eingeblasen als Schreiben des heiligen Geistes ..., sondern der Geist Gottes wirkt, weil er Menschen als lebendige Persönlichkeiten ergriffen hat, eben durch diese als Persönlichkeiten auf uns"[410].

b. Bekenntnis

Das Wort versammelt die Gemeinde. Diese antwortet mit ihrem Bekenntnis. Das Bekenntnis ist somit Menschenwort. Es ist ein "Zeugnisablegen von dem inneren Leben, das in dem Bekennenden durch das Wort und Christus gewirkt ist, und in diesem Sinne zugleich ein Zeugnis von der Verbundenheit mit Christus"[411]. Die unmittelbare Glaubenserfahrung wird somit zu Bewußtsein gebracht. Inhaltlich läßt sich das Bekenntnis zu Heilsbotschaft, Heilsträger und Heilstatsache zusammen-

---

chenrecht, 467 f.

407 Grundlagen; S. 231.

408 Grundlagen; S. 231 f.

409 Grundlagen; S. 232.

410 Grundlagen; S. 232.

411 Grundlagen; S. 233.

fassen in dem einen urchristlichen Bekenntnis: "Jesus der Herr"[412].

c. Dogma

Das Bekenntnis ist aber nicht nur eine Tatsache des reinen "Innenverhältnisses" zwischen Gott und dem Menschen: Indem Christen sich zu Gott bekennen, grenzen sie sich zugleich von anderen ab. Das Bekenntnis wirkt in diesem soziologischen Sinne kirchenbildend. Damit Christen ihren geistigen Besitz von anderen geistlichen Systemen unterscheiden und ihn lehrmäßig weitergeben können, müssen sie ihn begrifflich erfassen. Durch die begriffliche Formulierung einzelner Elemente ihres Glaubens entsteht das Dogma. Indem die einzelnen Dogmen nach den Regeln menschlicher Vernunft zu einem System zusammengestellt werden, entsteht die Dogmatik. "Dogma und Dogmatik sind also beides Versuche, den Inhalt des im Wort umschlossenen und vom Wort gewirkten christusverbundenen Lebens in den Denkmitteln und Denkformen von Zeit und Umwelt zum begrifflichen Ausdruck zu bringen"[413].

d. Das Verhältnis von Schrift, Bekenntnis und Dogma

Bekenntnis und Dogmatik sind somit Menschenwort. Sie sind nicht Wort und Schrift selbst, sondern sie bezeugen nur Wort und Schrift. Es sind Worte christusergriffener Menschen, die von Christus handeln. "Autorität von Bekenntnis und Dogma liegen also nicht in ihnen selbst, sondern in der Übereinstimmung mit der Schrift"[414]. Die Schrift ist norma normans, Bekenntnis und Schrift sind lediglich norma normata. Noch ein Weiteres ist zu Bekenntnis und Dogma zu sagen. Die Offenbarung ist kein intellektueller Lehrstoff, "sondern Enthüllung eines neuen Lebens, Leben aus Gott und Gnade in Rechtfertigung und sündenentbindender Erlösung"[415]. Sie ist daher niemals vom Menschen rational voll erfaßbar. Bekenntnis und Dogma können daher auch niemals eine "adäquate logische Ausprägung" der Offenbarung sein. Sie bleiben als Menschenworte zeitbedingt. Dadurch entsteht aber die Notwendigkeit, Bekenntnis und Dogma immer wieder erneut an der Schrift zu überprüfen. In diesem "variablen Charakter aller Dogmatik", in der "Unendlichkeit des dogmatischen Prozesses und seiner steten Selbstkorrektur", liegt die Problematik und die "Unruhe" protestantisch-theologischer Arbeit[416].

---

412 Grundlagen; S. 234.
413 Grundlagen; S. 235.
414 Grundlagen; S. 237.
415 Grundlagen; S. 236.
416 Grundlagen; S. 236.

e. ius divinum

Holstein verwendet den Begriff ius divinum nicht. Schrift, Bekenntnis und Dogma sind für ihn metajuristische Tatsachen, welche die Kirche erst ermöglichen und über die Geistkirche gestaltend in den Rechtsbestand der Kirche einwirken[417]. Der Begriff des ius divinum widerspreche der "Lehre des Dualismus von rechtlichem und religiösem Leben"[418]. Für göttliches Recht ist im deutschen Protestantismus kein Raum, heißt es lapidar[419]. Recht könne es nur in der Schöpfungsordnung geben. Dann sei es aber menschliches, empirisches Recht. Die Ordnung der Geistkirche ist jedoch gerade keine rechtliche Ordnung. Sie ist eine auf "religiöser Ebene" gelegene "pneumatische Ordnung"[420]. Das Wort Gottes ist also für Holstein nicht Recht, sondern es ist dem Recht vorgelagert. Das Wort Gottes ist das Übersubjektive, das Absolute, von dem das Kirchenrecht erst seinen Zweck und seinen Inhalt erhält. Das Wort Gottes ist ein "rechtsfreier wesenseigener Raum"[421].

Man kann das Verhältnis von Wort Gottes und Recht bei Holstein vergleichen mit dem Verhältnis von Recht und Gerechtigkeit. Die Gerechtigkeit selbst ist nicht das Recht. Sie ist das Ziel des Rechts. Das Recht soll Gerechtigkeit schaffen. Genau so ist das Wort Gottes nicht selbst schon das Kirchenrecht. Das Kirchenrecht soll vielmehr dem Wort Gottes dienen.

IV. Kritik an Holstein

1. Nach 1945 stieß Holsteins Konzeption auf weitgehende Ablehnung. Kritisiert wurden sowohl sein dualistischer Kirchenbegriff als auch sein einheitlicher Rechtsbegriff[422]. Historische Ursache für das verstärkte Aufkommen dieser Kritik nach 1945 waren die Erfahrungen, die die evangelischen Kirchen in der Zeit des Nationalsozialismus im Kirchenkampf hatten machen müssen. Die enge Bindung der Kirchen an den Staat hatte deren "Gleichschaltung" erleichtert. Davor sollte in Zukunft eine völlige Verselbständigung der Kirchen vom Staat schützen.

Der rechtstheologische Neuansatz nach 1945 stützte sich besonders auf die 3. These der theologischen Erklärung von Barmen aus dem Jahre 1934. Dort heißt es:

---

417 Grundlagen, S. 258.

418 Grundlagen, S. 250.

419 Grundlagen, S. 329.

420 Grundlagen, S. 204.

421 Grundlagen, S. 205.

422 Vgl. nur: S. Grundmann, Der Lutherische Weltbund, S. 54 ff. auch K. Barth, Ordnung der Gemeinde, S. 14.

"Die christliche Kirche ist die Gemeinschaft von Brüdern, in der Jesus Christus in Wort und Sakrament durch den heiligen Geist als der Herr gegenwärtig handelt. Sie hat mit ihrem Glauben wie mit ihrem Gehorsam, mit ihrer Botschaft wie mit ihrer Ordnung mitten in der Welt der Sünde als die Kirche der begnadigten Sünder zu bezeugen, daß sie allein sein Eigentum ist, allein von seinem Trost und von seiner Weisung in Erwartung seiner Erscheinung lebt und leben möchte. - Wir verwerfen die falsche Lehre, als dürfe die Kirche die Gestalt ihrer Botschaft und ihrer Ordnung ihrem Belieben oder dem Wechsel der jeweils herrschenden weltanschaulichen und politischen Überzeugung überlassen."

Die in der 3. These geforderte Gleichrangigkeit von Botschaft und Ordnung habe Holstein nicht erkannt. Holsteins Trennung von Geist- und Rechtskirche, so meinte man, habe dazu geführt, daß die Rechtskirche weniger von der Geistkirche, als von der jeweils herrschenden staatlichen Ordnungsvorstellung geprägt wurde. Der einheitliche Rechtsbegriff habe die qualitative Eigenständigkeit des Kirchenrechts als Liebesrecht nicht genügend betont. Dadurch seien die evangelischen Kirchen im Gegensatz zu der katholischen Kirche, die auf ein selbständiges kanonisches Recht zurückgreifen konnte, gegenüber den nationalsozialistischen Anfeindungen anfälliger gewesen. Weder den Gleichschaltungsversuchen des Staates noch den Irrlehren der deutschen Christen habe man ein geistlich begründetes Kirchenrecht entgegensetzten können[423].

2. Im folgenden soll auf die Kritikansätze von Johannes Heckel, Siegfried Grundmann und Erik Wolf eingegangen werden. Ihre Kritik an Holstein ist jeweils die Vorstufe zu einer eigenen kirchenrechtlichen Theorie. Dabei haben sie den Kirchenrechtsbegriff in seiner rechtstheoretischen Grundlegung gegenüber Holstein wesentlich erweitert und verfeinert. Johannes Heckel legt einen Entwurf einer "lex charitatis"[424] vor, Erik Wolf spricht von dem "Recht des Nächsten"[425] und Grundmann spricht von dem "Liebesrecht"[426]. Begnügt sich Holstein damit nachzuweisen, daß Kirchenrecht möglich ist, um dann sofort in die Kommentierung der Verfassung der Kirche der Altpreußischen Union überzugehen, so schreiben die zitierten Autoren noch ein Stück evangelisch-christlicher Rechtstheorie, welches bei

---

423 Vgl. M. Honecker, Art. Kirchenrecht II., in: ThRE Bd. 18, S. 730 f.

424 J. Heckel; Recht und Gesetz, Kirche und Obrigkeit in Luthers Lehre vor dem Thesenanschlag von 1517; Initia iuris ecclesiastici Protestanntium; Lex charitatis; Im Irrgarten der Zwei-Reiche-Lehre.

425 E. Wolf, Rechtsgedanke und biblische Weisung; Recht des Nächsten, Ein rechtstheologischer Entwurf; Ordnung der Liebe. Gottesgebot und Nächstenrecht im Heidelberger Katechismus.

426 Grundmann, Das evangelische Kirchenrecht von Rudolph Sohm bis zur Gegenwart, S. 50.

Holstein nicht vorhanden ist.

1. Erik Wolf

Der wesentliche theologische Unterschied zwischen Holstein und E. Wolf besteht darin, daß Holstein als Lutheraner den Gedanken der Zwei-Reiche-Lehre zu einem kirchlichen Dualismus weiterentwickelt hat, während E. Wolf als reformierter, an Karl Barth geschulter Denker jeglichen Dualismus ablehnt und so zu einem christologischen und christozentrischen Kirchenverständnis kommt, worauf aber in diesem Zusammenhang nicht weiter einzugehen ist. Hier soll allein E. Wolfs Kritik an Holstein untersucht werden.

E. Wolf[427] wirft Holstein vor, mit dem Begriffspaar Geistkirche-Rechtskirche eine unfruchtbare Alternative zu bilden[428]. Das Spannungsverhältnis von Gesetz und Evangelium, Gerechtigkeit und Gnade, Recht und Liebe werde in eine trennende Entgegensetzung, eine sterile Alternative gebracht. Dieser theologische Mangel wirke sich dann im Kirchenrecht aus. Wenn erst einmal die Geistkirche von der Rechtskirche getrennt sei, so E. Wolfs zweiter Vorwurf, bleibe die entscheidende Frage ungelöst, wie die unjuristische Geistkirche sich in Verfassungsform bringen läßt und das faktische Kirchenleben regeln kann[429]. Der Inhalt des Kirchenrechts bleibe unklar.

Statt einer Entgegensetzung von Geist- und Rechtskirche schlägt E. Wolf eine dialektische Verbindung vor[430]. Wörtlich schreibt er: "Der auf dem Grund biblischer Dialektik des zugleich In-der-Welt-Seins und Nicht-von-der-Welt-Seins recht verstandenen Kirche des Wortes entspricht ein reformatorisch-theologisches Kirchenrecht"[431]. Und weiter heißt es: "Kirchenrecht ist Ordnung der Paradoxie" und "Kirchenrecht ist paradoxe Ordnung"[432]. Das von Holstein aus dem Gegensatz von Geist- und Rechtskirche entwickelte Begriffspaar Anstalt - Genossenschaft will E. Wolf durch die Begriffe Christokratie und Bruderschaft ersetzen[433]. Die Christen seien nicht aus sich selbst, sondern erst von Christus erwählt eine Gemeinschaft von gleichen Brüdern, also eine christokratische Bruderschaft[434]. Dabei sollen

---

427 1902-1977.

428 E. Wolf, Ordnung, S. 497.

429 E. Wolf, Ordnung, S. 495.

430 E. Wolf, Ordnung, S. 499 f.

431 E. Wolf, Ordnung, S. 501.

432 E. Wolf, Ordnung, S. 6 f.

433 E. Wolf, Ordnung, S. 158.

434 E. Wolf, Ordnung, S. 66 f.

Christokratie und Bruderschaft keine Begriffe sein, die trennen, sondern Aspekte, die verbinden. Sie seien dialektisch, nicht systematisch zu verstehen.

Gewiß ist Holsteins Terminologie der Anstalt und der Genossenschaft dem idealistischen im 19. Jahrhundert verwurzelten Rechtsdenken Otto v. Gierkes entnommen. Auch ist es richtig, daß diese Begriffe dem staatlichen Recht entstammen und dort rechtliche Gesellschaftsformen bezeichnen. Die Terminologie E.Wolfs macht dagegen schon sprachlich die Einheit und die Eigenart der Kirchenorganisation als Rechtsform sui generis deutlich. Aber dieser Unterschied dürfte sich in der Sache nicht auswirken. Holstein bezeichnet das Verhältnis von Rechtskirche und Geistkirche als polar, E.Wolf dagegen als dialektisch[435]. Beide drücken damit aus, daß das Verhältnis von Göttlichem und Menschlichen in der Kirche mit menschlichem Verstand nicht voll erfaßbar ist. Das bedeutet aber, daß der Unterschied zwischen Holsteins Polarität und E. Wolfs Dialektik nur terminologischer Natur ist. Holstein vermeidet es, wie gezeigt, aus menschlicher Sozialität und staatlichem Recht Schlüsse für die Organisation der Kirche zu ziehen. Über eine sprachliche Verbesserung bei E. Wolf hinaus scheint daher, soweit es die Lösung des Problems der Kirche in der Welt betrifft, die Differenz nicht allzu groß zu sein.

Der Vorwurf, bei Holstein sei offen geblieben, welchen Inhalt das Kirchenrecht

---

435 Den Unterschied zwischen Polarität und Dialektik macht Holstein an Schleiermacher und Hegel deutlich. Hegels Dialektik schreitet, nachdem sie einen Gegensatz, eine Polarität, herausgearbeitet hat weiter zur Synthese vorwärts und "stellt mit kühnem Griff die absoluten Ziele der Bewegung des Weltgeistes heraus." (Schleiermacher, S. 203 f.) Daraus folgt automatisch die Vernünftigkeit des Geschichtsverlaufes und der Gegenwart, da die Geschichte und somit auch die jeweilige Gegenwart von dem Weltgeist geleitet wird. Demgegenüber Schleiermacher: Auch er "kennt das, was Hegel als These und Antithese faßt, nur daß es bei ihm zur Polarität wird. Er kennt aber nicht das absolute Muß der einen vernunftgemäßen Synthese. Für ihn gibt es unendlich viele Möglichkeiten von Mischungen jener Gegensätze, von denen die einzelnen in ihrer Notwendigkeit nur durch die Betrachtung der konkreten Umstände erfaßt werden können." (Schleiermacher, S. 204) An anderer Stelle beschreibt Holstein den Unterschied so: Schleiermacher strebt nicht wie Hegel überall zu den geschlossenen Ruhepunkten des Institutionellen und damit zu einer endgültigen und abschließenden Position. Holstein sieht Schleiermachers Besonderheit gerade in der Herausarbeitung der polaren Bedingtheiten und fließenden Funktionen des Wirklichen, das in und zwischen jenen oszilliert. (Grundlagen, S. 142). Damit ist zum einen deutlich geworden, daß auch die Polarität Holsteins eine Einheit und keine Trennung der beiden Pole bedeutet. Darüber hinaus wird aber auch deutlich, daß der Unterschied zwischen Dialektik und Polarität allein menschlichem Geist, keineswegs aber dem Geist der Christokratie oder der Geistkirche entspringt.

habe und wie die Geistkirche die Rechtskirche regiere, ist zwar zutreffend[436]. Auch Holstein konnte dafür keine 'Faustformel' liefern. Aber dies zu verlangen, wäre gleichbedeutend mit der Forderung nach einer Formel für die Gerechtigkeit. Dies kann nicht Aufgabe der Wissenschaft sein. Dagegen hat Holstein versucht, die aus dem Gegensatz von Göttlichem und Menschlichem in der Kirche folgende Problematik in ihrer Tiefe aufzuzeigen. Allerdings wird Holstein zutreffend vorgeworfen, daß die christliche Rechtstheorie in seinem System zu kurz kommt [437].

2. Johannes Heckel

Von J. Heckel[438] stammt der Vorwurf, Holsteins doppelter Kirchenbegriff, also die Unterscheidung von Geist- und Rechtskirche sei nicht Luther, sondern dem Neuluthertum des 19. Jahrhunderts entnommen. J. Heckel will an die Stelle dieser Unterscheidung den eschatologischen Gegensatz von Gottesreich und Weltreich treten lassen. Nach seiner personalen Interpretation der Zwei-Reiche-Lehre Luthers teilt sich die Menschheit in zwei Reiche (auch corpora), in das der Gläubigen und das der Nichtgläubigen. Die Reiche werden von Luther auch Reich Christi und Reich des Teufels genannt[439]. Beide Reiche werden durch Gott regiert, jedoch durch zwei verschiedene Regimenter. Die Gläubigen des Reiches Christi werden innerlich von Gottes Regiment erfaßt. Sie unterstehen daher nicht dem weltlichen Regiment, sondern allein der lex charitatis. Die lex charitatis, also das Kirchenrecht ist daher nicht weltliches Recht, sondern rein geistliches Recht. Es gilt nur für die gläubigen Christen. Da Gott weiß, wer Christ und wer bloßer Heuchler ist, taucht das Problem der Namenschristen in der Kirche nicht auf.

Nur die Ungläubigen werden, da sie das Wort Gottes nicht freiwillig aufnehmen, äußerlich durch den Zwang des weltliche Regiments im Zaum gehalten[440]. Nur für sie gilt das weltliche, äußerliche Recht, das Naturrecht.

---

436 E. Wolf will den Inhalt des Kirchenrechts durch 'biblische Weisungen' näher konkretisiert wissen. Biblische Weisungen unterscheiden sich von einem gesetzlichen Schriftgebrauch dadurch, daß sie nicht unmittelbar positive Rechtswirkung entfalten, sondern nur grenzziehende, grundlegende und zielsetztende Funktion haben. Dadurch gerät er aber in die Gefahr eines biblizistischen Positivismus. Außerdem dürfte die Zeitgebundenheit der Bibel zur Urgemeinde unbeachtet bleiben.

437 E. Wolf versucht die Eigenart des Kirchenrechts aus dem dialektischen Verhältnis von caritas und iustitia zu verstehen. Aus diesem Verhältnis leitet er den Begriff des 'Rechtes des Nächsten' ab.

438 1889-1963.

439 J. Heckel, Im Irrgarten der Zwei-Reiche-Lehre, S. 6 f.

440 J. Heckel, Im Irrgarten der Zwei-Reiche-Lehre, S. 8 f.

Ganz anders werde Luther dagegen von der neulutherischen Schöpfungslehre interpretiert. Danach habe Gott die ganze Menschheit, also Christen und Nichtchristen dem weltlichen Regiment, nämlich der Schöpfungsordnung, unterworfen[441]. Auch die Kirche unterliege der Schöpfungsordnung, da sie auf dieser Erde nicht rein sei, sondern gemischt aus Christen und bloßen Namenschristen[442]. Diese Auffassung sei nicht lutherisch, da sie die beiden corpora zu einem corpus permixtum aus Christen und Nichtchristen vermische, für die alle das gleiche Recht der Welt gelte.

J. Heckel folgert zwar daraus ausdrücklich nicht, daß Holsteins Rechtsbegriff falsch oder unlutherisch sei. Er hält diesen sogar für "gesund, wenn auch stark ergänzungsbedürftig", denn bei Holstein wende sich das Recht innerhalb der empirischen Kirche ausschließlich gegen das Unchristliche im kirchlichen Sozialorganismus[443]. Hier dürfte J. Heckel aber Holstein falsch wiedergegeben haben. Holstein hält die Unterscheidung der Christen in Gläubige und Ungläubige für falsch. Nach seiner Auffassung stehen alle Christen und damit auch die Kirche selbst unter der Spannung des Kampfes mit der Sünde. Das Kirchenrecht wende sich daher nicht nur gegen die Sünder, sondern an alle Christen[444].

Aber auch darüber hinaus ist J. Heckels Kritik problematisch. Als Holstein sein Kirchenrechtslehrbuch schrieb, war die Zwei-Reiche-Lehre Luthers nicht sehr bekannt, was man schon daran erkennt, daß Holstein den von Luther nicht verwendeten Terminus Zwei-Reiche-Lehre nicht verwendet. Dieser etablierte sich erst nach Holsteins Tod in den 30er Jahren dieses Jahrhunderts insbesondere im Verlauf des Kirchenkampfes als Gegenbegriff zur Dialektischen Theologie[445]. Holstein benutzt statt dessen die aus der neulutherischen Kirchenrechtslehre des 19. Jahrhunderts stammenden Begriffe Schöpfungstheologie, Schöpfungsordnung und Erlösungsordnung[446]. Allerdings betont er auch, wie bereits erwähnt, daß er seine Schöpfungstheologie nicht Luthers Schriften entnommen habe, da Luther die Frage der Schöpfungstheologie, also das Problem des Kirchenrechts in einer abstrakten Form

441 J. Heckel, Im Irrgarten der Zwei-Reiche-Lehre, S. 25 f.

442 Grundlagen, S. 87; J. Heckel, Im Irrgarten der Zwei-Reiche-Lehre, S. 26.

443 J. Heckel, Besprechung: Herbert Wehrhahn, Kirchenrecht und Kirchengewalt, S. 718 f.

444 Grundlagen, S. 224.

445 M. Honecker, Art. Zwei-Reiche-Lehre, in: Evangelisches Statslexikon Bd. II, Sp. 4120, hrsg. von R. Herzog u.a., 3. Aufl. Stuttgart 1987; ders.: Art. Zwei-Reiche-Lehre, in: Staatslexikon Bd. V, Sp. 1187-1188, Görresgesellschaft (Hrsg.), 7. Aufl., Freiburg 1989; vgl. auch Harald Diem, Luthers Lehre von den 2 Reichen untersucht von seinem Verständnis der Bergpredigt aus. Ein Beitrag zum Problem: "Gesetz und Evangelium" 1938.

446 Ausführlich dazu: C. Link, Die Grundlagen der Kirchenverfassung.

nicht behandelt habe. Genau dies aber behauptet J. Heckel.

Damit begeht J. Heckel eine Fehlinterpretation Luthers. Eine Kritik an J. Heckel muß an drei Stellen ansetzen. Zum einen ist aus theologischer Sicht anzufragen, ob Luther eine derart abstrakte personale Zwei-Reiche-Lehre als Rechtslehre, wie sie J. Heckel entwirft, begründet hat, oder ob Luther sich nicht vielmehr nur zu jeweils konkreten juristischen Sachfragen geäußert hat[447].

Dann müßte J. Heckels Maßstab für eine "richtige" Kirchenlehre überprüft werden. Ob heute eine evangelische Auffassung sich allein an Luthers Zwei-Reiche-Lehre orientieren kann, muß bezweifelt werden[448].

Schließlich wird man Holstein darin Recht geben müssen, daß die Frage nach dem Kirchenrecht im 20. Jahrhundert qualitativ nicht vergleichbar ist mit den Fragestellungen Luthers. Drei wesentliche Veränderungen sind hier zu nennen: Die moderne Instrumentalisierung des Rechts, die das Recht zu einem gezielt einsetzbaren Regelungsinstrument auch in der Kirche macht, kannte Luther nicht. Die Vorstellung eines kirchlichen Verfassungsrechts, welches die Grundentscheidungen über die Kompetenzverteilung unter den kirchlichen Organen zu regeln hat, war Luther fremd. Schließlich dürfte auch das Ausmaß der modernen kirchlichen Gesetzgebung eine grundsätzlich neue kirchenrechtliche Situation geschaffen haben.

3. Siegfried Grundmann

a. S. Grundmann wirft Holstein vor, er habe durch die Unterscheidung von Geist- und Rechtskirche letztlich den von ihm bekämpften kirchenrechtlichen Positivismus nicht überwinden können[449]. Er schreibt, daß Holstein zwar mit seiner Unterscheidung von Geist- und Rechtskirche nur zwei verschiedene Aspekte des gleichen Gegenstandes gemeint habe. Er könne aber der Folge nicht entgehen, daß dadurch die Einheit der Kirche willkürlich auseinandergerissen werde. Die Behauptung, Geist- und Rechtskirche seien eine einheitlich-reale Lebensgröße, die gleichzeitig der Schöpfungs- und der Erlösungsordnung angehöre, hält S. Grundmann für einen Selbstwiderspruch. Der Grund dieses Widerspruches liege darin, daß Holstein, wenn er behaupte, Kirche und Recht seien göttlich und weltlich, den soziologischen

---

447 So ist J. Heckels Interpretation der Zwei-Reiche-Lehre Luthers von der evangelischen Theologie auch nicht aufgegriffen worden. Vgl. M. Honecker, Art. Zwei-Reiche-Lehre, in: Staatslexikon, Görresgesellschaft (Hrsg.) 7. Aufl.

448 Vgl. Grundmann, Verfassungsrecht in der Kirche des Evangeliums, S. 72.

449 Besonders: Das evangelische Kirchenrecht von Rudolph Sohm bis zu Gegenwart, SS. 21-25; Das Gesetz als kirchenrechtliches Problem, S. 55 f.; Das evangelische Kirchenrecht und die ökumenische Bewegung der Gegenwart, S. 203 f.; Der Tertius Usus Legis als Grundlage einer Kirchenrechtstheorie?, S.431-433.

Weltbegriff (Welt als Menschheit) und den theologischen Weltbegriff (Welt als gefallene Menschheit) vermenge. Diese Argumentation dürfte der Heckelschen Kritik an der Schöpfungstheologie des Neuluthertums entnommen sein.

S. Grundmann kommt so zu dem Ergebnis, daß Holstein in der Sache mit R. Sohm übereinstimme. Für beide sei die Geistkirche rein pneumatischer Natur und deshalb rechtsfrei. Für beide sei die Rechtskirche allein staatlichem Recht zugänglich[450]. Damit wirft S. Grundmann Holstein vor, wie R. Sohm von einer liberalen Theologie und einer positivistischen Rechtswissenschaft auszugehen. Dadurch erreiche Holstein, daß die Theologen die Geistkirche unbeschwert von menschlich-realen Problemen und umgekehrt die Juristen die Rechtskirche unbelastet von theologischen Vorgaben rein positivistisch denken könnten[451]. Die Kirche verflüchtige sich so in einen unbiblischen Spiritualismus und das Recht werde losgelöst von seinem geistigen Grund.

Diese Kritik ist nach dem Vorgesagten nicht haltbar[452]. Der Dualismus von Geistkirche und Rechtskirche ist der Kirche vorgegeben. Er folgt unmittelbar aus dem Problem der Kirche in der Welt und damit letztlich dem Dualismus von Gesetz und Evangelium. Mit diesem Grundproblem muß sich jede Kirchenauffassung auseinandersetzen. Holstein geht dabei, wie gezeigt, in zwei Schritten vor. In einem ersten Schritt zeigt er den dem Menschen vorgegebenen Dualismus der Kirche als Heilsgemeinschaft einerseits und der Kirche bestehend aus Sündern andererseits. In einem zweiten Schritt versucht Holstein den Rahmen dessen festzustellen, was vom Menschen zu tun ist, gewissermaßen den menschlichen Handlungsbedarf innerhalb des dem Menschen so vorgegebenen Rahmens. Dieser Handlungsbedarf besteht, kurz gesagt, darin, die Organisation der Kirche in der Welt, also der Rechtskirche, so zu gestalten, daß die Geistkirche zur vollen Entfaltung kommt. Damit erreicht Holstein das Gegenteil dessen, was ihm vorgeworfen wird. Die Geistkirche schwebt nicht losgelöst über dieser Welt, und in der Rechtskirche herrscht kein blinder Positivismus.

b. S. Grundmann kritisiert ferner Holsteins Rechtsbegriff als monistisch. Bei Holstein sei Kirchenrecht und staatliches Recht qualitativ gleichartig. Dadurch komme der Wesensunterschied von weltlichem Recht und geistlichem Recht nicht zur Gel-

---

450 S. Grundmann, Das evangelische Kirchenrecht und die ökumenische Bewegung der Gegenwart, S. 204.

451 Allgemeiner zum Neuluthertum so auch: C. Link, Grundlagen, S. 58.

452 Vgl. auch J. Heckel, der die Rechtslehre Holsteins in Schutz nimmt, wenn er sie auch für ergänzungsbedürftig hält. in: J. Heckel, Besprechung: Herbert Wehrhahn, Kirchenrecht und Kirchengewalt, S. 498 f.

tung. Grundmann entwickelt selbst einen dualistischen Rechtsbegriff, der sich durch qualitative Verschiedenheit vom staatlichen Recht auszeichnet[453].

Dazu ist zu sagen, daß, wie bereits erwähnt[454], Holstein staatliches und kirchliches Recht unter dem Aspekt der religiösen Wertung sehr wohl unterscheidet. Bei genauerem Hinsehen hat Holstein sogar eine feinere Differenzierung als es die bloße Gegenüberstellung von monistisch und dualistisch ermöglicht. Holstein unterscheidet zwischen der Funktion, die Gott allem Recht in der sündigen Welt zugemessen hat, zweitens der Quelle des Rechts als menschlichem Recht und drittens der religiösen und nicht religiösen Wertung des Rechts.

Ein Vorwurf kann Holstein daher nur insoweit gemacht werden, als er den Gedanken der religiösen Wertung oder Eigenständigkeit des Kirchenrechts nicht weiter ausgebaut hat.

Die Unterscheidung monistisch-dualistisch ist darüber hinaus problematisch: S. Grundmann fordert zwar zu einem einheitlichen Kirchenbegriff. Dieser zwingt ihn jedoch zu einem dualistischen Rechtsbegriff[455]. Damit wird aber die Unterscheidung von monistischem und dualistischem Kirchenbegriff theologisch problematisch, da das Problem der "Kirche in der Welt" einer neuen Lösung bedarf.

Eine entscheidende Schwäche eines dualistischen Rechtsbegriffs ist ferner seine Praxisferne[456]. Auch das Kirchenrecht muß praktische Fragen lösen: Wer bezahlt den Pfarrer, wer beschließt einen Kirchenneubau ...? Wie aber kann ein Kirchenrecht qualitativ anders sein als staatliches Recht und dennoch den gleichen Zwekken dienen? Soll das Kirchenrecht praktische Fragen regeln, so muß es staatlichem Recht vergleichbare Strukturen haben. Für Holsteins Kirchenrechtsbegriff werfen dagegen diese Fragen keine Probleme auf.

---

453 S. Grundmann schreibt zwar, daß auch J. Heckel einen dualistischen Rechtsbegriff vertrete. Dagegen ist aber zu sagen, daß diese Dichotomie von 'monistischem' und 'dualistischem' Rechtsbegriff wohl zunächst eine Besonderheit von S. Grundmann selbst ist. Bei J. Heckel tauchen diese Begriffe nicht auf, was darauf zurückzuführen sein dürfte, daß J. Heckel nur historische Arbeiten zu Luther verfaßt hat und sich zu zeitgenössischen rechtstheologischen Fragen nur in begrenztem Umfange geäußert hat. Schließlich hält J. Heckel, wie oben bereits erwähnt, Holsteins Rechtsbegriff ausdrücklich für "gesund, wenn auch stark ergänzungsbedürftig", woraus man folgern kann, daß J. Heckel selbst keinen grundsätzlichen Anstoß an Holsteins Formulierung des 'einheitlichen Rechtsberiffs' nahm.

454 C. III. 3..

455 Etwa: Das evangelische Kirchenrecht und die ökumenische Bewegung der Gegenwart, S. 207 f.

456 K. Schlaich, in: EStL Art. Kirchenrecht Sp. 1671 m.w.N.; auch: D. Pirson, Universalität und Partikularität der Kirche, S. 17.

D. Das System des kirchlichen Verfassungsrechts

I. Die Dreiteilung kirchlicher Gewalten

a. Die Ausgangsfrage nach der Möglichkeit evangelischen Kirchenrechts konnte Holstein bejahen. Kirchenrecht ist möglich, aber alles Rechtliche bleibt unter dem Primat des Geistlichen. Alles gipfelt nun in der Frage: "Inwiefern und inwieweit ist es möglich, einen juristischen Kirchenaufbau zu vollziehen, indem das freie Walten der Gotteskraft in Wort und Sakrament an keiner Stelle durch rechtliche Elemente verkürzt, gehemmt und verändert wird"[457]? Die Frage, ob Kirchenrecht möglich ist, wandelt sich in die Frage, wie Kirchenrecht sein muß, d.h. in die Frage nach dem Inhalt des Kirchenrechts.

Als diese Frage in der Weimarer Republik nach dem Wegfall des Landesherrlichen Kirchenregiments aktuell wurde, griff man zunächst auf die aus dem 19. Jahrhundert überkommenen Theorien des Episkopalismus, Synodalismus und Konsistorialismus zurück[458]. Allerdings war die Frage nach der der Kirche angemessenen Verfassung im 19. Jahrundert offen geblieben[459]. In der Diskussion mischten sich theologische und politische Vorstellungen bunt durcheinander. Der lutherische Episkopalismus suchte das Bischofsamt zu dem herausragenden kirchlichen Organ zu machen. Dagegen wurde jedoch eingewandt, daß so die Gefahr der Klerikalisierung der evangelischen Kirche bestehen würde. Der Konsistorialismus wollte das zu Zeiten des Landesherrlichen Kirchenregiments entstandene und bestimmend gewordene weltliche Kirchenregiment in Form des Konsistoriums erhalten. Beiden Richtungen ist von reformierter Seite vorgeworfen worden, sie entstammten einem monarchisch-autoritären System. Statt dessen versuchten die Reformierten, die Synode zu dem Hauptorgan der Kirche zu machen. Hier sahen aber die Lutheraner die Gefahr einer Demokratisierung der Kirche. Eine Synode sei kirchenfremd, da sie die Übernahme des staatlichen Parlamentarismus darstelle. Dadurch werde suggeriert, nicht Gott, sondern das Kirchenvolk sei der Souverän.

Aber gerade diese Vorstellung einer "Demokratisierung" der Kirche erhielt nach 1918 wieder viele Anhänger. Die obrigkeitsstaatliche episkopal-konsistoriale Leitung sollte einer vom Kirchenvolk gewählten Kirchenleitung weichen. Die

---

457 Grundlagen, S. 141.

458 E. Wolf, Ordnung der Kirche, S. 406 ff., 411 ff.; zu der Entwicklung im 19. Jhd.: Holstein, Grundlagen, S. 184 ff.

459 C. Link, Die Grundlagen der Kirchenverfassung im lutherischen Konfessionalimsus des 19. Jahrhunderts.

Volkskirche sollte die Pastorenkirche ablösen, die Konsistorialkirche sollte der Gemeindekirche weichen. Kurzum, die Revolution sollte in die Kirche hineingetragen werden[460]. Zur Überraschung vieler waren die nach 1918 gewählten Synoden mehrheitlich konservativ gesinnt, so daß die Revolution in den Kirchen keine großen Erfolge verbuchen konnte[461].

b. Als Holstein 1928 seine "Grundlagen" schrieb, waren diese Kämpfe faktisch zum Erliegen gekommen, da die kirchlichen Verfassungen alle erlassen waren. Ein wissenschaftlicher Konsens über die richtige Kirchenverfassung war jedoch nicht erreicht. Holstein versuchte nun, durch eine vermittelnde Lösung Episkopalismus, Synodalismus und Konsistorialismus in einem Modell der Gewaltenteilung zu verbinden. Entsprechend seiner idealistisch-systematischen Grundhaltung stellte er dazu ein spezifisch kirchliches Konstruktionsprinzip für eine evangelische Kirchenverfassung auf[462].

Grundlage für das "Konstruktionsprinzip" ist der aus der "Schöpfungstheologie" resultierende Dualismus von Geist- und Rechtskirche. Aus diesem metajuristischen Dualismus leitet Holstein die Trennung von geistlichem Amt und kirchenregimentlicher Tätigkeit ab: "Die Idee einer Kirchenverfassung im evangelischen Sinn fordert eine institutionelle Trennung religiöser und kirchenregimentlicher Tätigkeit"[463]. Das geistliche Amt ist der Dienst am Wort. Das Kirchenregiment dagegen wird durch die Unvollkommenheit der Kirche in dieser Welt gefordert und dient der Aufrechterhaltung der Ordnung. Auf der gemeindlichen Ebene bedeutet das die Trennung von geistlichem Pfarramt und Ältestenrat, auf kirchlicher Ebene die Trennung von Bischofsamt und Kirchenregiment, d.h. Synode und Konsistorium.

Holstein nennt dies auch die "Theorie vom wesensnotwendigen institutionellen Dualismus des juristischen und des religiösen Elements in Gemeinde und Kirchenleitung"[464] oder er spricht von der "Lehre vom Dualismus des rechtlichen und religiösen Lebens in der Kirche mit dem Primat des Letzteren"[465]. Der Dualismus von Schöpfungs- und Erlösungsordnung führt also zu dem Dualismus von Geist- und Rechtskirche und dieser wiederum zu einem Dualismus von geistlichem Amt und kirchenregimentlicher Tätigkeit.

Zu dem ersten Dualismus tritt ein zweiter. Die Rechtskirche schaffe sich ihrer-

460 C. Link, Staat und Kirchen, S. 463.

461 K. Scholder, Die Kirchen und das Dritte Reich, S. 11, 22, 32; K. Nowak, S. 63 ff.

462 Grundlagen, S. 141.

463 Grundlagen, S. 182.

464 Grundlagen, S. 183.

465 Grundlagen, S. 205.

seits Organe in einer doppelten Form: "Einmal in Organen der Vielheit, die von dem Grundgedanken getragen werden, in sich der Vielheit der Genossen und der Vielfältigkeit der von ihnen vertretenen Willensmeinungen Ausdruck zu geben und ihnen damit die Möglichkeit zu verschaffen, sich in wechselseitiger Auseinandersetzung zu einem Einheitswillen zu integrieren, und zweitens in einer Reihe von Einheitsorganen, die den so geschaffenen Einheitswillen innerhalb der Kirche wie gegenüber der nichtkirchlichen Außenwelt handelnd zur Geltung bringen"[466]. Holstein nennt dies die Theorie vom "juristischen Dualismus des äußeren Kirchenlebens" im Gegensatz zu dem inneren, religiösen Dualismus von Geist- und Rechtskirche[467].

Schließlich verbindet Holstein beide Dualismen. "Der Dualismus des religiösen und des rechtlichen Lebens hat die Konsequenz, eine juridische Eigenständigkeit des Amts zu schaffen; der Dualismus des juridisch-organisatorischen Lebens bedingt die Notwendigkeit, gegenüber den Synoden auch die Behörden mit wurzeleigenem und selbständigem Recht auszustatten, so daß wir also drei eigenständige Organisationsgrößen: die Synode, das Amt und das Konsistorium, haben, von denen keine ihr Recht vom anderen herleitet, sondern jede ihr Recht unmittelbar aus der Verfassung". - "Die Kombination der beiden Dualitätstheorien gibt also einen praktischen Trialismus. Der organisatorische Trialismus oder die Trennung der drei besonderen kirchlichen Gewalten ist damit die theoretische Grundlage des evangelischen Kirchenverfassungssystems"[468]. Darin sieht Holstein den "großen und tragfähigen ideellen Grundstock gemeindeutschen evangelischen Kirchenrechts und einen einheitlichen Grundtypus deutsch evangelischer Kirchenverfassung." Die Grundlage der Gewaltentrennung bestimme das Maß des Gemeinsamen, die Durchführung der Gewaltentrennung und der stärkere und schwächere Ausbau von Verbindungsstücken mit den dadurch bedingten verschiedenen Möglichkeiten von Hemmungen und Balancen bestimme dagegen das Maß des Individuellen in den deutschen Kirchenverfassungen[469].

3. Mit den Begriffen Dualismus und Polarität übernimmt Holstein das Schleiermachersche Polaritätsdenken, das er in seiner Habilitationsschrift so eingehend herausgearbeitet hat[470]. Der Grundgedanke von Polarität und System besteht darin,

---

466 Grundlagen, S. 263.
467 Grundlagen, S. 205.
468 Grundlagen, S. 205 f.
469 Grundlagen, S. 207 f., 264.
470 Vgl. S. 436.

"aus dem Wesen der Dinge und der darin waltenden Gegensätzlichkeiten heraus auch die Systematik ihres Lebens zu gewinnen"[471]. Ausgangspunkt einer wissenschaftlichen Untersuchung ist also die Frage nach dem "Wesen" des untersuchten Gegenstandes. Dieses Wesen wird maßgeblich durch die ihm innewohnende Polarität mitbestimmt. Aus diesem Grundgedanken wird dann ein umfassendes System entwickelt.

Genauso entwickelt Holstein die Kirchenverfassung. Aus dem Wesen der Kirche wird die Grundproblematik des Kirchenrechts abgeleitet, die Frage nach der Möglichkeit und der Ausgestaltung des Kirchenrechts. Das Wesen der Kirche erkennt Holstein in der Polarität von Geistkirche und Rechtskirche. Dieser Dualismus wird der Grundbaustein für die Systematik des Kirchenrechts: Der Dualismus von Geist- und Rechtskirche setzt sich fort in dem Dualismus von Anstalt und Genossenschaft. Geist- und Rechtskirche bilden beide eigene Organe: Dem Organ der Geistkirche, dem geistlichen Amt, tritt der Dualismus der genossenschaftlichen Organe gegenüber, das Einheitsorgan der kirchlichen Behörde und das Vielheitsorgan der Synode. Somit ergibt sich aus dem doppelten Dualismus die kirchliche Gewaltenteilung. Diese Dualismen heben sich nicht in einer Synthese auf. Vielmehr muß jeweils im Einzelfall eine konkrete Zuordnung der beiden Pole gefunden werden.

Die drei kirchlichen Gewalten finden ihre Zuordnung in der Gewaltenverbindung. Diese muß auf jeder Ebene der Kirche und natürlich auch in jeder Landeskirche den jeweils konkreten Umständen entsprechend ausgestaltet sein.

II. Bemerkungen

Holsteins System der Gewaltendreiteilung und der Gewaltenverbindung hat den Vorteil der Klarheit und der Einfachheit. Die Trennung von geistlichem und weltlichem Amt und die Aufteilung des weltlichen Amts in die Synode und in ein Kirchenleitungsorgan ist aus den heutigen Verfassungen der Gliedkirchen nicht mehr wegzudenken. Der Gedanke der Gewaltenteilung ist, sofern nicht der Fehler begangen wird, der Gewaltenteilung notwendig auch Volkssouveränität folgen zu lassen, ein fester Bestandteil heutigen evangelischen Kirchenverfassungsrechts.

Holstein betont aber zu sehr die Bedeutung des Schemas von Dualismus und Polarität für die Kirchenverfassung. Hier knüpft er allzu sehr an idealistisches Denken an und leitet aus einem abstrakten Prinzip des Dualismus Folgerungen ab, ohne eine sachliche Begründung zu geben. So erklärt Holstein nur ansatzweise, worin

---

471 Schleiermacher, S. 205.

eine spezifische Bedeutung der Gewaltenteilung gerade in der Kirche bestehen soll[472]. Das Prinzip der Gewaltenteilung bleibt abstrakt und wenig verschieden von der Gewaltenteilung in einem staatlichen Gemeinwesen. Eine spezifisch kirchliche Verfassungstheorie hat Holstein nicht geschaffen.

III. Gemeinde und Kirche

Holstein macht sich nun daran, am Beispiel der Verfassungsurkunde der Evangelischen Kirche der altpreußischen Union das Funktionieren seines Systems zu demonstrieren. Er räumt dabei ein, daß sein System nicht ganz rein durchgeführt worden ist. Er analysiert und beschreibt historisch, juristisch und theologisch einzelne Rechtsinstitute einer evangelischen Kirchenverfassung. Auch heute noch, zwei Generationen später, kann diese Darstellung mit Gewinn gelesen werden[473]. Dies soll hier nur noch ausschnittweise vorgeführt werden.

1. Der religiöse Gemeinschaftsgedanke

Holstein beginnt als geistiger Schüler Schleiermachers die Darstellung der Kirchenverfassung nicht mit dem Amt der Wortverkündigung, sondern mit dem christlichen Gemeinschaftsgedanken. Die Wortverkündigung taucht bei ihm zunächst nicht in institutionalisierter Form, sondern in dem Priestertum aller Gläubigen auf. Kirche ist, so schreibt er, die Gemeinschaft der Christusverbundenen. Das bedeutet: "Christ sein heißt in innerer Verbindung mit Christus stehen; in Christusverbundenheit leben heißt aber zugleich in Lebensverbindung mit allen treten, die in gleicher persönlicher Lebensbeziehung zu Christus stehen"[474]. Der Gedanke der Gemeinschaft der Christusverbundenen schließt den Gedanken der Gemeinschaft der in konkreter Ortsgemeinsamkeit Lebenden ein[475]. Die örtliche Kirchengemeinde ist somit ein unverzichtbarer Bestandteil des Christentums. Holstein kann Zinzendorf zitieren: "Ich statuiere kein Christentum ohne Gemeinschaft"[476]. Das bedeutet, daß die Kirchengemeinde mißverstanden wird, wenn sie auf eine "Anstalt zur Wortverkündigung" reduziert wird, die praktisch allein in der Person des Pfarrers

---

472 Vgl. dazu: S. Grundmann, Verfassungsrecht in der Kirche des Evangeliums, S. 109.

473 Vgl. dazu nur die Zahl der Zitate und Verweise auf Holstein bei E. Wolf, Ordnung der Kirche und bei C. Link, Die Grundlagen der Kirchenverfassung.

474 Grundlagen, S. 265.

475 Grundlagen, S. 265.

476 Grundlagen, S. 265.

verwirklicht wird[477]. Der religiöse Gemeinschaftsgedanke ist "Bedingung und Voraussetzung"[478] aller kirchenrechtlichen Normen. Holstein spricht von einem "Einwirken des sich in der Gemeinde verwirklichenden Stück Wesenskirche auf die juristische Gestaltung eben dieser Gemeinde"[479].

2. Gemeinde und Kirche

Der Gemeinschaftsgedanke wirkt sich nicht nur auf die Organisation der einzelnen Gemeinde, sondern auch auf die Organisation der gesamten Kirche aus. Hier taucht nun ein Problem auf, das Holstein folgendermaßen beschreibt: "Das Problem der Organisation der Landeskirche ist das Problem der Organisation eines aus einer Vielheit von Gemeinden bestehenden Kreises, die sowohl das Problem des Kirchenregiments aufrichtet, wie umgekehrt die Realität organisierter Gemeinden, die bewußt auf Autonomie und Souveränität der Einzelgemeinde verzichten, voraussetzt"[480]. Wie gestaltet sich das Verhältnis von Gemeinde und Kirche? Holsteins Lösung lautet: "Indem das geistliche Sein der Kirche sich bereits wesenhaft in der Gemeinde vollzieht, ergibt sich als Konsequenz, daß die Kirche auch auf den anderen Stufen über keine anderen Kräfte inneren Lebens verfügt, als sie schon die Gemeinde besitzt"[481]. Das bedeutet: "Das über der Gemeinde stehende Rechtsleben der Kirche ist ... kein qualitativ andersartiges und höherwertiges, sondern ihr grundsätzlich artgleiches Rechtsleben". Und ferner: "Alles Leben der Kirche muß in einer positiven Relation zu dem Leben der Gemeinde stehen, wie umgekehrt die gleiche positive Relation vom Leben der Gemeinde zu dem der Kirche gefordert wird und dementsprechend organisatorischen Ausdruck verlangt. Damit ist nichts anderes gesagt, als daß der Satz: Die Kirche baut sich aus der Gemeinde auf[482], den juristischen Sinn hat: Die Gemeinde ist die organisatorische Grundtatsache, die Urzelle, das rechtliche Urphänomen, auf der alles Kirchenrecht zu begründen ist"[483].

Die Kirche ist kein "Nebeneinander independistischer, nur durch einen losen Überbau" zusammengefaßter Einzelgemeinden[484]. Der Einheitsgrund der Kirche, wie auch der Gemeinde, ist die Gemeinschaft mit Christus. Die Kirche bedarf nicht

477 Grundlagen, S. 266.
478 Grundlagen, S. 265.
479 Grundlagen, S. 266.
480 Grundlagen, S. 194.
481 Grundlagen, S. 267.
482 Art. 4 Abs. 1 der Verfassungsurkunde der Kirche der altpreußischen Union.
483 Grundlagen, S. 267.
484 Grundlagen, S. 268.

erst der Zwischenschaltung der Gemeinde. "Was Einheit der Gemeinde gründet, gründet auch Einheit der Kirche"[485].

3. Kirche und der Evangelische Kirchenbund

Der Evangelische Kirchenbund war als Zusammenschluß der deutschen evangelischen Kirchen von 1922 der Weimarer Vorgänger der EKD[486]. Interessanterweise ist Holstein der Auffassung, daß der Kirchenbund auch selbst Kirche sei[487]. Daß der Kirchenbund nicht offiziell als Kirche bezeichnet worden ist, sei mit der partikularistischen Furcht vor einer völlig unitarischen Reichskirche zu begründen[488]. In Wirklichkeit könne aber diese Frage nicht aus der Perspektive der rechtlich organisierten Landeskirchen beantwortet werden. "Auch hier hat die Klärung der juristischen Frage ... zunächst die Klärung des religiösen Tatbestandes zur Voraussetzung. Kirche im Wesenssinn ist aber die Gemeinschaft der von Christi Geist Ergriffenen. Nun ist aber gar kein Wort darüber zu verlieren, daß die Mitglieder des Kirchenbundes sich eben in diesem Geist ... verbunden fühlen und von dort aus auch die Motive zu ihrem rechtlichen Zusammenschluß nehmen"[489]. Folglich sei auch der Kirchenbund Kirche; eine Argumentation, die sich auch auf die EKD übertragen ließe.

Dies ist eine Konsequenz des Verhältnisses von Gemeinde und Kirche. Was Einheit der Gemeinde gründet, gründet auch Einheit der Kirche. Da aber der Kirchenbund genauso wie die Gemeinde und die Landeskirche "Darstellung der Wesenskirche ist und von hier aus auch die juristische Ausprägung seines Seins und seiner Tätigkeit ihren bestimmenden Inhalt erhalten, kann ihm, wie religiös, so auch juristisch die Bezeichnung 'Kirche' nicht versagt werden"[490]. Die rechtliche Ausgestaltung der einzelnen Landeskirchen bleibt davon unberührt. Im Rahmen des durch die Wesenskirche Vorgegebenen ist die Erarbeitung der Kirchenverfassung die alleinige Aufgabe der Kirchenmitglieder der einzelnen Landeskirchen selbst[491].

---

485 Grundlagen, S. 268.

486 Darstellung von Geschichte und Organisation: Grundlagen, S. 378-394; S. Grundmann, Der Lutherische Weltbund, S. 158 ff.; H. v. Soden; ders., Der Deutsche Evangelische Kirchenbund, S. 296, der allerdings Holsteins Konzeption des Kirchenbundes als Kirche widerspricht.

487 Grundlagen, S. 390 f.

488 Grundlagen, S. 386.

489 Grundlagen, S. 390.

490 Grundlagen, S. 391.

491 Grundlagen, S. 391 f.

4. Die Verfassung der Kirche und der Begriff des Organismus

Holstein mißt auch bei der Frage nach der Organisation der Kirche dem Begriff des Organismus große Bedeutung zu: "Der Gemeinde als geschlossener Organismus tritt also zugleich die Kirche als geschlossener Organismus gegenüber und zwar, weil sie die räumlich umfassendere ist, als ein sie umschließender Organismus.

Nicht ist also qualitativ Gemeinde vor der Kirche oder Kirche vor der Gemeinde, sondern beide sind von vornherein zugleich mit- und ineinander gegeben." So kann Holstein formulieren: "Die evangelische Kirche ist (ein) einheitlicher Organismus, der aus Teilorganismen besteht, ist (ein) zur Einheit und Ganzheit verfaßtes gliedschaftliches Gefüge sich zusammenordnender Einzelgemeinden"[492]. Schaut man genauer hin, so zeigt aber gerade dieses Zitat, daß der Organismusbegriff bei Holstein keine maßgebliche Rolle mehr spielt, soweit es das System des geltenden Kirchenrechts betrifft. Das Bild von Kirche und Gemeinde als eigenständige Organismen ist inhaltsleer und bleibt verschwommen. Das Verhältnis des umfassenderen Organismus Kirche zu dem Teilorganismus Gemeinde wird nicht durch den Begriff des Organismus geklärt. Holstein leitet aus dem Organismusbegriff keine Schlußfolgerungen für die Verfassung der Kirche ab. Er begeht daher auch nicht den Fehler, aus einem Beriff menschlicher Sozialität den Aufbau der Kirche zu bestimmen. Das Bild des Organismus bleibt somit bei Holstein für die Frage nach der Organisation der Kirche ohne Bedeutung[493].

5. Die Gewaltenteilung in der Gemeinde

Die Verfassung der Kirchengemeinde ist für Holstein nach dem Prinzip der kirchlichen Gewaltenteilung aufgebaut[494]. Auch auf gemeindlicher Ebene existieren drei Gewalten. Neben dem geistlichen Amt, dem Pfarramt, gibt es den Gemeindekirchenrat (=Presbyterium) als Einheitsorgan und die Gemeindevertretung (="Gemeindesynode") als Vielheitsorgan. Alle drei Gewalten sind selbständig und unabhängig voneinander. Keine Gewalt ist einer anderen übergeordnet.

Den Typus des gemeindlich-weltlichen Doppelorgans kannten vor 1945 alle Landeskirchen bis auf Bayern rechts des Rheins, Pfalz, Lippe, Reuß und die beiden Mecklenburgischen Kirchen Mecklenburg-Schwerin und Mecklenburg-Strelitz[495]. In einer überschaubaren Gemeinde erwies sich eine "Gemeindesynode" als entbehrlich. Daher wurde in die neuen Verfassungen der Landeskirchen nach 1945 bis auf

492 Grundlagen, S. 268.

493 Anders: C. Link, Die Grundlagen der Kirchenverfassung, S. 50 f., 250 f.

494 Grundlagen, S. 300 ff., 306 f.

495 Nachweise bei Holstein, Grundlagen, S. 307 Fn. 1.

Hessen-Nassau und Berlin eine Gemeindevertretung nicht mehr aufgenommen.

IV. Das Amt der Wortverwaltung

Entsprechend seiner systematisierenden und vermittelnden Art geht Holstein auf den schon seit dem 19. Jahrhundert heftig tobenden Streit des Verhältnisses von Pfarramt und Gemeinde nicht ein[496]. Betonten in diesem Streit die einen stärker den Gedanken des Priestertums aller Gläubigen mit der Folge, daß der Gemeindegedanke in den Vordergrund gelangte, so rückten die Lutheraner das öffentliche Predigtamt in den Vordergrund und maßen dem Gedanken des allgemeinen Priestertums nur als Abgrenzungskriterium zu der katholischen Kirche Bedeutung zu[497].

Holstein schlägt einen vermittelnden Weg ein. Ausgleichend beschreibt er das Verhältnis folgendermaßen: Die Gemeinde ist die organisatorische Grundzelle der Kirche, das Pfarramt aber ist ihr organisatorisches Minimum[498]. Das Pfarramt befindet sich in der Schnittstelle von Geist- und Rechtskirche. Das Pfarramt stellt die dauernde Verkündigung des Wortes und die Spendung der Sakramente sicher. In ihm stellt sich die "Urfunktion der Wesenskirche" dar. "Damit ist also hier die Stelle gegeben, in der sich im Organismus der Gemeinde das Hineinwirken des geistlichen Elements und damit der Schnittpunkt des Anstaltlichen ebenso auswirkt, wie eine positive Beziehung zur Rechtstatsache der Gemeinde als dem genossenschaftlichen Grundfundament"[499].

Die doppelte Zugehörigkeit des Pfarramtes zur Geist- und Rechtskirche bewirkt die Einbindung des Pfarramtes in die Gemeinde und verhindert eine Überordnung im Sinne einer Parochialkirche. Sie zeigt sich in Form und Inhalt des Pfarramtes:

---

496 Dazu: S. Grundmann, Sacerdotium - Ministerum - Ecclesia Particularis, S. 156 ff. ; C. Link, Die Grundlagen der Kirchenverfassung, bes.: S. 133 ff., 151 ff., 178 ff., 218 ff. R. Smend schrieb zu Holsteins vermittelndem Wesen: "Das Buch ist ein Buch des kirchlichen Friedens, wie Holstein denn überhaupt ein Mann des Friedens war. Er neigte zur Harmonisierung des Widerstrebenden: aus ästhetischem Gestaltungsbedürfnis, aber vor allem auch auch aus dem Kraftgefühl dessen, der es sich im Vertrauen auf die Kraft des Guten zutraut, die Harmonie zu schaffen. So hat er nicht polemisiert ... Zuweilen fehlen seinem Werk und Wesen die Spannungen, die Widersprüche und Aporien fast zu sehr. ... Der Repräsentant einer so hoch gesteigerten geistig, sittlichen, akademischen, kirchlichen Kultur verkannte hie und da den Ernst und einen gewissen Wahrheitsgehalt heutiger Angriffe auf die Überlieferung, die er vertrat und zu neuer Geltung brachte" (Nachruf, PrKiZ 27 (1931) 38.

497 S. Grundmann, Verfassungsrecht in der Kirche des Evangeliums, S. 79 f.

498 Grundlagen, S. 268.

499 Grundlagen, S. 268 f.

Der Pfarrer übt seinen Dienst berufsmäßig aus, d.h. "einen Dienst, der nicht nur auf Dauer und Regelmäßigkeit angelegt ist, sondern zugleich auch als dauernd und regelmäßig von der Gemeinde gewollt wird und damit institutionell verfaßt ist"[500]. Der Inhalt des pfarramtlichen Handelns dagegen "entstammt nicht genossenschaftlicher Übertragung, stammt überhaupt nicht aus dem Organismus der Rechtskirche.

Er ist vielmehr verwurzelt in der Wesenskirche, verwurzelt gerade in den Elementen der Wesenskirche, die ihr unveränderliches und unaufhebbares Geistgut bedeuten, sich damit aus deren Offenbarungscharakter bedingen und somit als von oben gegeben, verliehen, gestiftet gefaßt werden"[501]. Dieser Dualismus von Form und Inhalt des Pfarramts, in dem sich der Dualismus von Geistkirche und Rechtskirche, von Schöpfungsordnung und Erlösungsordnung widerspiegelt, läßt sich besonders an der Übertragung des Pfarramts, der Predigt und an dem kirchlichen Lehrverfahren erkennen.

1. Die Übertragung des Pfarramtes

Die Übertragung des Pfarramtes erfolgt durch die Rechtskirche. Sie ist ein Stück weltlicher Ordnung. Die Verfahren können im Einzelfall in den Landeskirchen voneinander abweichen. So kann eine Gemeindewahl stattfinden, eine Bestellung durch eine kirchliche Behörde oder eine Kombination aus beidem. In jedem Fall ist die Übertragung aber ein Rechtsakt der Rechtskirche, ein Stück Form des Pfarramtes. Gemeinde und Kirche werden als rechtliche Größen tätig.

2. Die Predigt

Anders die Predigt. Hier wird die Unabhängigkeit des Pfarramtes von der Rechtskirche am deutlichsten. Der Inhalt der Predigt wird und kann nicht bestimmt werden durch die Gemeinde, etwa durch Beschluß des Gemeindekirchenrats. Hier wird dem Genossenschaftlichen durch die Wesenskirche eine Grenze gesetzt. Aber diese Eigenständigkeit des Pfarrers ist kein "Stück Rechtsherrschaft über die Gemeinde, die da einsetzt, wo das Genossenschaftliche aufhört"[502]. Da in der Predigt des Pfarrers das eigentliche Sein der Wesenskirche zum Ausdruck kommt, ist es allem Juristischen entrückt. Das Stück anstaltlichen Rechts, das Art. 42 IV der Verfassung der altpreußischen Landeskirche normiert durch die Worte: "der Pfarrer ist in seiner geistlichen Amtsführung ... selbständig", dient also lediglich dazu, "negativ das Zessieren des genossenschaftlichen Rechts und die daraus folgende

---

500 Grundlagen, S. 269.

501 Grundlagen, S. 270.

502 Grundlagen, S. 270.

abgegrenzte Möglichkeit zu bestimmen, nicht aber will es positiv die als eigenständig abgegrenzte Sphäre seinerseits inhaltlich zu anstaltsmäßiger, juridischer Form ausgestalten. Diese Sphäre bleibt vielmehr durchaus eine metajuristische, d.h. aus dem Recht überhaupt herausfallende Sphäre"[503].

Die Wortverkündigung ist eine metajuristische Größe. Sie kann deshalb nicht durch gesetzlichen Zwang normiert werden. Die Predigt erhält ihre Wirkung aus der Zeugniskraft des Predigers. Wo das Wort nicht das Gewissen des Predigers ergriffen hat, da vermag es auch die Gemeinde nicht zu ergreifen. Dadurch wird die evangelische Predigt "in höchstem Maße persönlichkeitsgebunden und persönlichkeitsbedingt"[504]. Dennoch sind dadurch dem Subjektivismus nicht Tor und Tür geöffnet. Die Persönlichkeitsgebundenheit der Predigt geschieht "nicht um der Persönlichkeit des Pfarrers und überhaupt nicht um eines menschlich gewillkürten Individualismus willen, sondern aus dem Wesen und der Art des Wortes heraus, das gewissensergreifende und gewissenströstende Macht ist, also an Persönlichkeiten wirkt und damit zugleich durch Persönlichkeiten wirkt"[505]. Somit gibt es durchaus einen objektiven Haltepunkt. Nur "daß sich dieses Objektive nicht in der Form einer juristischen Autorität äußerlich stellt, sondern nur der innerlichen Betrachtung des Religiösen offenbar wird, eben weil es das Objektivum des Worts ist"[506].

Dabei bleiben Probleme und Spannungen. Aber "es handelt sich um Spannungen, die im Wesen der Sache liegen und in denen sich darum eben das Wesen der Sache erst entfaltet. Denn das Verhältnis des Pfarrers zum Wort ist ein Verhältnis der freien sittlichen Entscheidung, die ihm nicht abgenommen werden darf, um nicht das religiöse Gut selber zu veräußerlichen und damit zu gefährden." Dann weist Holstein auf das Zentrum hin: Diese Spannung zwischen Subjektiven und Objektiven kann nur durch Einsatz des Glaubens überwunden werden. Indem die evangelische Auffassung "diese Spannungen im Wesen der Sache gesetzt und darum von Gott selbst gewollt sieht, weiß sie, daß im Ganzen der Kirche die unmittelbare Wirkung des pneuma über alle Spannungen hinweg doch die Einheit wahrt, weil eben das Wort eine Größe und Kraft ist, die nie leer zurückkommen kann"[507].

---

503 Grundlagen, S. 271.
504 Grundlagen, S. 278.
505 Grundlagen, S. 278.
506 Grundlagen, S. 278.
507 Grundlagen, S. 279.

3. Das Lehrverfahren als Feststellungsverfahren

Zum Schwur kommt es bei dem kirchlichen Lehrverfahren, wenn der von der Rechtskirche in das Amt berufene Pfarrer sich mit seiner Predigt in Widerspruch zur Lehre der Gemeinde- und Kirchenglieder setzt. Die christliche Lehre ist ein Ding der Wesenskirche. Sie steht vor und über dem Recht. Damit ist das kirchliche Lehrverfahren jedem juristischen Zwang entrückt. Geistliches muß geistlich gerichtet werden. Das Lehrverfahren ist insbesondere kein Disziplinarverfahren. Dieses knüpft immer an Dinge des äußerlichen Verhaltens des zu Disziplinierenden an.

Das Lehrverfahren dagegen ist immer um eine Frage der "innersten Gewissens- und Herzensbeziehungen des Geistlichen zum Evangelium und zum Herrn der Gemeinde zentriert"[508]. Das Lehrverfahren hat, so Holstein, lediglich feststellende Wirkung. Es stellt fest, "ob der Geistliche und die Kirche in der Grundauffassung des Evangeliums übereinstimmen". Das Vorhandensein dieser Identität war "die metajuristische Tatsache, auf Grund deren die Kirche den juristischen Akt der Berufung in das Amt vollzog." Wird nun aber festgestellt, daß diese Identität nicht mehr existiert, so ist damit "dem juristischen Berufungsakt das im Dasein der Wesenskirche gegebene Fundament" entzogen. Das muß "jene durch den Berufungsakt begründete Rechtsstellung des Geistlichen hinfällig machen". Hierbei handelt es sich nicht um eine Strafe, "sondern um eine aus dem geistigen Sinn der Kirche folgende, rechtsnotwendige und automatische Aufhebung eines bestimmten juristischen Verhältnisses, um die *juristische* Folge eines an sich *nicht-juristischen*, weil rein geistlichen Tatbestandes"[509].

Aus dem feststellenden Charakter des Lehrverfahrens folgt, daß kein Über- und Unterordnungsverhältnis zwischen Kirche und Geistlichem besteht. Die Auffassung des Geistlichen soll nicht "vergewaltigt"[510] werden. Es wird überhaupt kein Urteil über den religiösen Wert und Unwert des Glaubensstandpunktes des Geistlichen gegeben. Es handelt sich vielmehr auf beiden Seiten um ein Gewissensproblem, so daß Gewissen gegen Gewissen steht. Es wird "einfach festgestellt, daß ein Auseinanderklaffen jener beiden Auffassungen besteht, und damit die die pfarramtliche Anstellung überhaupt erst ermöglichende geistliche Tatsache der Identität beider Auffassungen nicht mehr vorhanden ist"[511].

Der Maßstab für die Entscheidung in einem Lehrverfahren ist die Schrift[512].

---

508 Grundlagen, S. 281.

509 Grundlagen, S. 281.

510 Grundlagen, S. 281.

511 Grundlagen, S. 282.

512 Grundlagen, S. 282, 291.

Allerdings enthält die Bibel keine Normen in der Art eines Gesetzes, "eben weil sie Evangelium ist und damit jenseits des Begriffes, wie der Form des Gesetzes steht: Sie redet ins Gewissen und für das Gewissen, gibt aber nicht legalistische Ethik, geschweige denn legalistische Glaubensnormen"[513]. So kann die Entscheidung in einem Lehrverfahren niemals eine "authentische Interpretation" des Evangeliums darstellen. Sie ist immer nur die Entscheidung eines ganz konkreten Falles und sie weiß sich darum "als menschlich fehlbaren Spruch"[514].

Auch im Lehrverfahren kommt Holsteins Konzeption der Unterscheidung von Geist- und Rechtskirche zum Tragen. Sinn des Gesetzes in der Rechtskirche ist es, die Geistkirche von menschlich-rechtlichen Normen frei zu halten. Für das Lehrverfahren bedeutet dies: Die rechtliche Ausgestaltung des Lehrverfahrens als Feststellungsverfahren soll es gerade der "inhaltlich-juristischen Regelung entziehen" und es positiv als eine "jenseits juridischer Normen sich vollziehende Feststellung geistlicher Dinge" ausgestalten[515]. "Der Rechtssatz hat hier genau die gleiche Funktion wie in den anderen Fällen zu vollziehen, wo das Leben der Rechtskirche und das Leben der Wesenskirche aneinanderstoßen: Mit einem Trennungsschnitt, der negativ die sonstige Wirkung der allgemeinen Rechtsnormen aufhören läßt, den Raum frei zu machen für die Entfaltung des Geistig-Religiösen, sich im Ethos gewissensmäßiger Bindung vollziehenden Lebens, ohne aber in diesen Raum selber noch rechtsnormmäßig hineinzuwirken"[516].

Holstein kann somit zusammenfassend von einer doppelten Stellung des Pfarrers sprechen: "Der Geistliche steht im Rechtsorganismus der Kirche und steht, soweit es sich um ihr Rechtsleben handelt, unter den dieses beherrschenden Rechtsnormen und den Kompetenzen der sie setzenden und ausführenden Rechtsorgane; der Geistliche steht im Geistorganismus der Kirche und steht damit im Inhalt seines Amtes, als eines Dienstes am Wort und Sakrament, in der Sphäre des Geistigen, das der inhaltlichen Regelung durch die Rechtsordnung entzogen ist"[517].

---

513 Grundlagen, S. 291.
514 Grundlagen, S. 282.
515 Grundlagen, S. 290.
516 Grundlagen, S. 290.
517 Grundlagen, S. 273.

V. Der evangelische Bischof

In der Weimarer Zeit gab es nur in einigen evangelischen Landeskirchen das Bischofsamt[518]. Nur die Landeskirchen von Hannover, Sachsen, Mecklenburg-Strelitz, Mecklenburg-Schwerin, Nassau, Schleswig-Holstein und Braunschweig hatten einen Bischof. In den anderen Landeskirchen existierten regelmäßig vergleichbare Ämter. So gab es in Bayern und Baden einen Kirchenpräsidenten, in Hessen-Kassel einen Landesoberpfarrer und in Lübeck den Landesprobst. Auch die Kirche der altpreußischen Union hatte keinen Bischof. Während der stärker lutherisch geprägte Osten für die Einführung eines solchen Amtes stritt, gab es aus dem Westen Bedenken, die zum Teil auf reformierte Tradition, zum Teil aber auch auf eine betonte Absetzung von der katholischen Kirche zurückzuführen waren[519]. Unabhängig von dieser Auseinandersetzung entwickelte sich statt dessen nach und nach das Amt des geistlichen Vizepräsidenten des Oberkirchenrates, also des "höchsten" Geistlichen, zu einer Art Ersatzbischof.

Holstein setzte sich zeit seines Lebens dafür ein, auch in der preußischen Kirche einen Bischof einzuführen. Jedoch wollte er eine solche Verfassungsänderung nicht mit einfacher Mehrheit erzwungen wissen[520]. Er war aber von der "dringenden Notwendigkeit, hier die Verfassung irgendwie zur Vollständigkeit zu bringen" überzeugt und schlug vor, das Amt des geistlichen Vizepräsidenten zu einem Bischofsamt zu erweitern[521] oder aber dem Generalsuperintendenten in den einzelnen Provinzialkirchen den Titel eines Bischofs zu verleihen[522]. Holstein erhoffte sich dadurch eine stärkere "geistige Führerschaft in der Gesamtkirche", die neben einer "Aktivierung der Laien" auch eine "Mobilisierung des Pfarrerstandes" bewirken könnte [523]. Das Bischofsamt ist aber, so Holstein, nur möglich als genossenschaftliches Amt. Das bedeutet zum einen, daß Inhalt und Zuständigkeit des Amtes durch die Verfassung und damit durch den genossenschaftlichen Gesamtwillen der Kirche geschaffen werden. Zum anderen besagt dies, daß der Amtsträger durch die

---

518 K. Scholder, Die Kirchen und das Dritte Reich, S. 41.

519 C. Link, Staat und Kirchen, S. 465; Holstein: Zum Zusammentritt der preußischen Generalsynode, Deutsche Allgemeine Zeitung 4.12.1925; ders.: Die Pommersche Provinzialsynode, Preußische Kirchenzeitung 21 (1925) 224; ders.: Zum Abschluß der altpreußischen Generalsynode, Der Tag, 15.5.1927; ders.: Grundlagen, S. 325 f.

520 Zum Zusammentritt der preußischen Generalsynode, Deutsche Allgemeine Zeitung 4.12.1925; Rede vom 25.4.1927 vor der Generalsynode, S. 153.

521 Grundlagen, S. 341.

522 Gegenwartsaufgaben der Kirche, S. 15.

523 Gegenwartsaufgaben der Kirche, S. 15 f.

Synode in sein Amt berufen wird[524]. Die Aufgabe des Bischofs ist beschränkt auf die Verwaltung des Wortes. Er steht nicht über, sondern neben den Superintendenten und Pfarrern. Sein Amt ist qualitativ gleicher Art. Sein geistig-geistliches Amt ist ganz auf die unmittelbare persönliche Wirkungsmacht von Mensch zu Mensch beschränkt[525]. Ein solches Bischofsamt wäre der Abschluß von Holsteins Theorie des kirchenrechtlichen Trialismus. Wie auf Gemeindeebene, so sollte auch auf der Ebene der Landeskirche gelten, daß dem Kirchenregiment aus Synode und Kirchenregierung das geistliche Amt, eben das Bischofsamt, gegenübersteht.

E. Schlußbemerkungen

Die Reichgottespredigt als Zentrum des christlichen Glaubens, die Schöpfungstheologie als die Lösung des Problem der Kirche in der Welt und das kirchliche Verfassungsrecht, das sind die drei systematischen Themen, die Holstein in seinem Kirchenrechtslehrbuch dargestellt hat.

Daß Holstein keine eigene Kirchenrechtstheorie entwickelt hat, ist bereits dargestellt worden. Dieser Vorwurf kann, betrachtet man das ganze Werk, unter folgendem Aspekt erweitert werden. Gerade Holsteins im letzten Kapitel dargestellten Ausführungen über die Umsetzung seiner Rechtstheologie in konkretes Verfassungsrecht machen deutlich, daß Holstein Kirchenrecht nur in der Form des kirchlichen Verfassungsrechts kennt. Kirchenrecht hat für Holstein nur die Aufgabe, die Organe der Rechtskirche zu konstituieren und ihnen dann Kompetenzen zuzuordnen. Die rechtliche Problematik von Taufe, Abendmahl, Mitgliedschaft, Ordination und Kirchenzucht behandelt Holstein entweder gar nicht oder er verweist sie sofort in die metajuristische Sphäre der Geistkirche. Damit grenzt Holstein weite Bereiche aus dem Kirchenrecht aus.

Ein weiterer Einwand muß sich gegen das unvermittelte Nebeneinander von Reichspredigt und Schöpfungstheologie bei Holstein richten. Holstein vermag die Bedeutung der Reichspredigt für die Schöpfungstheologie und damit für das Kirchenrecht nicht zu erklären, obwohl er sein System dafür nur wenig hätte weiterentwickeln müssen. Die Schöpfungstheologie bestimmt bei Holstein die Bedeutung von Kirche und Recht in der Heilsgeschichte Gottes und der Menschen. Die Reichspredigt ist aber gerade die Verkündigung dieser Heilsgeschichte und damit

524 Grundlagen, S. 330.
525 Grundlagen, S. 332.

auch Voraussetzung der Schöpfungstheologie. Die Spannung von Geist- und Rechtskirche ist also die eschatologische Spannung von Gegenwartswirkung und Zukunftsverheißung der Reichspredigt.

Schließlich ist kritisch einzuwenden, daß Holstein nicht genügend deutlich macht, daß die von ihm beschriebene Kirchenordnung eine menschlich-zeitliche Ordnung ist. Auch Holstein kann keine Kriterien für eine göttlich aufgegebene Kirchenordnung liefern. Man wird daher stärker als Holstein betonen müssen, daß die Anzahl und die Besonderheit kirchlicher Ämter variabel bleiben[526].

---

526 Vgl. W. Pannenberg, Thesen zur Theologie der Kirche, Nr. 110.

Zusammenfassung

Holsteins Schaffenskraft war beeindruckend. Sein gesamtes Werk hat er innerhalb von zehn Jahren geschaffen[527]. Die bis heute unüberholte Habilitationsschrift über 'Die Staatsphilosophie Schleiermachers' aus dem Jahre 1923 ist 1972 neu aufgelegt worden. Auf dem Gebiet des Staatsrechts veröffentlichte er drei in der Weimarer Zeit viel beachtete Aufsätze über Methodenfragen und Grundrechte: 1926 den Besprechungsaufsatz 'Von Aufgaben und Zielen heutiger Staatsrechtswissenschaft', 1927 den Aufsatz 'Elternrecht, Reichsverfassung und Schulverwaltungssystem' und 1929 die Greifswalder Universitätsrede 'Reichsverfassung und Staatsrechtswissenschaft'. Holsteins Hauptwerk, die 1928 erschienenen 'Grundlagen des evangelischen Kirchenrechts' waren in der Weimarer Zeit die einzige gleichzeitig theologisch, historisch und juristisch erschöpfende Behandlung des evangelischen Kirchenrechts.

Durch die umfassende und systematische Stoffdurchdringung ist es zu einem Klassiker des evangelischen Kirchenrechts geworden. Als Holstein 1931 starb, arbeitete er gerade an seinem dritten großen Werk, der 'Geschichte der Staatsphilosophie'. Es erschien unvollendet nach seinem Tod.

Auf dem Gebiet der Staatsphilosophie versuchte Holstein den allgemein religiösen und spezifisch lutherischen Gehalt in den großen staatsphilosophischen Systemen des deutschen Idealismus, besonders bei Schleiermacher aufzuzeigen. Die idealistische Vorstellung des Staates als Organismus erklärte er als eine Verbindung christlich-lutherischer Staatsbegründung und neuzeitlich-westeuropäischer Staatsideen. Auch für die Weimarer Zeit sah Holstein in dem Begriff des Organismus die treffendste Beschreibung des Staates. Da ein Verfassungskonsens in der Weimarer Zeit nicht vorhanden war, suchte Holstein, durch die Erklärung des Staates als vorrechtlicher Organismus dem Staat eine konsensfähige Deutung und damit Stabilität zu geben. Die Krise der Weimarer Republik begründete er mit dem Aufkommen des Positivismus und dem damit einhergehenden Verblassen idealistischen Denkens.

So war es folgerichtig, daß er für das Staatsrecht eine Wendung zum Rechtsidealismus als einem modernen Naturrecht forderte. Er verstand das positive Recht als Konkretisierung der allgemeinen Rechtsidee, der Idee von der Gerechtigkeit. Die juristische Wissenschaft müsse, um diese Wendung zum Rechtsidealismus voll-

527 Gerechnet ab der Promotion über die "Lehre von der öffentlich-rechtlichen Eigentumsbeschränkung", veröffentlicht 1921.

ziehen zu können, die positivistische Methode aufgeben und "geisteswissenschaftlich" arbeiten. Damit wollte er keine Methodenlehre im strengen Sinne begründen, sondern er forderte eine neue geistige Haltung für das juristische Arbeiten. Die Rechtswissenschaft sollte sich nicht auf die logizistische Bearbeitung von Rechtssätzen beschränken. Vielmehr sollte sie sich den die Menschen bewegenden gesellschaftlichen Fragen stellen und an der Suche nach Lösungen mithelfen.

Das zentrale Problem der Rechtswissenschaft sah Holstein in der "Beziehung zwischen sittlichem Imperativgedanken und geschichtlicher Formgestaltung des menschlichen Gemeinschaftslebens"[528], also der Beziehung des Rechts zu vorrechtlichen Größen. Diese vorrechtlichen Größen suchte Holstein vor allem in der Geistesgeschichte. Neben dem deutschen Idealismus war für Holstein das Christentum die zweite geistesgeschichtliche Grundlage von Kultur und damit auch von Staat und Recht.

Mit seinem Hauptwerk, dem gleichermaßen theologisch und juristisch fundierten Kirchenrechtslehrbuch gelang es Holstein, das neue Kirchenrecht nach dem Wegfall des Landesherrlichen Kirchenregiments 1919 historisch und systematisch zu erfassen. Ausgangspunkt ist für ihn die Reichtgottespredigt als das Zentrum der Verkündigung Christi. Die Reichspredigt bildet die Gemeinde der Glaubenden, die Kirche. Diese Kirche deutet Holstein gleichzeitig als Geistkirche und als Rechtskirche. Kirche als geistige Größe, als Gemeinschaft der Glaubenden steht jenseits des Rechts. Kirche in der Welt aber steht unter dem Recht, dessen sie sich wie der Staats bedient. Holstein unterscheidet das geistliche und das weltliche Amt in der Kirche. Das geistliche Amt dient der Verkündigung und ist Teil der Geistkirche. Das weltliche Amt ist aufgeteilt in ein pluralistisches Amt, die Synode, und ein Einheitsamt, die Kirchenleitung.

Holstein ist es gelungen, juristisches, philosophisches und theologisches Denken miteinander zu verbinden. Er wollte nicht juristische Spezialprobleme lösen, sondern er wollte als Jurist die grundlegenden Probleme der Menschen verstehen und lösen helfen: "Die Aufgabe, die Welt des Gegebenen vom religiös-ethischen Zentrum aus geistig zu erfassen und damit zugleich zu richten und zu gestalten, ist stets eine Aufgabe des deutschen Gesamtgeistes und darum nicht allein vor dem Forum der Theologie als einer akademischen Sonderwissenschaft, sondern im Rahmen einer die Totalität des Kultur- und Wissenschaftssystems umfassenden Gesamtbewegung zu lösen"[529].

---

528 Luther, S. 23.

529 Luther, S. 40 Fn. 78.

Literaturverzeichnis

A. Schrifttumsverzeichnis Günther Holstein

I. Selbständige Schriften

- Die Lehre von der öffentlich-rechtlichen Eigentumsbeschränkung. Öffentlich-rechtliche Abhandlungen 3, Berlin 1921
- Lichtwärts. Dichtungen mit Buchschmuck von Franz Stassen, Berlin 1922
- Die Staatsphilosophie Schleiermachers, Bonner staatswissenschaftliche Untersuchungen 8, Bonn- Leipzig 1923; Nachdruck Scientia Verlag Aalen 1972
- Gegenwartsaufgaben der Kirche, Greifswald 1924, auch unter dem Titel: Gegenwartsaufgaben der Volkskirchlichen Vereinigung, abgedruckt in: Preußische Kirchenzeitung, 20 (1924) 161-171
- Luther und die deutsche Statsidee. Recht und Staat in Geschichte und Gegenwart, Heft 45, Tübingen 1926; auch in: Die Zeitwende, 1. Jahrgang, 1. Hälfte (1925) 281-292
- Festrede zum achzigsten Geburtstag des Reichspräsidenten von Hindenburg. Gehalten in der Stadthalle von Greifswald am 2. Oktober 1927. Greifswald 1927
- Die Grundlagen des evangelischen Kirchenrechts, Tübingen 1928
- Reichsverfassung und Staatsrechtswissenschaft. Festrede zum 11. August, Greifswalder Universitätsreden 22 (1929)
- Fideikommißauflösung und Reichsverfassung (= Zwei Gutachten), Berlin 1930
- Elternrecht Reichsverfassung und Schulverwaltungssystem. Berlin-Steglitz 1931, zuvor abgedruckt in: AöR 12 (1926) 187-254
- Geschichte der Staatsphilosophie. Handbuch der Philosophie, Abt. IV D, München-Berlin 1931

II. Sonstige Schriften

- Verfestung und Friedloslegung. In: Goltdammers Archiv für Strafrecht und Strafprozeß, Bd. 61 (1914) 57-79
- Motiv und Melodie. Ein Beitrag zu den begrifflichen Grundlagen des musikalischen Urheberrechts. In: Gewerblicher Rechtschutz und Urheberrecht, Bd. 29 (1914) 135-144
- Die Staatsphilosophie Richard Wagners. In: Archiv für Rechts- und Wirtschaftsphilosophie, Bd. 9 (1915/16) 398-411
- Luther und der deutsche Staat. In: Bayreuther Blätter, 40 (1917) 252-259
- Richard Wagner und das deutsche Staatsbewußtsein. In: Bayreuther Blätter, 40 (1917) 23-28
- Franz Stassen als religiöser Maler. In: Die Furche, 9 (1919) 202-206
- Das Kunstwerk Siegfried Wagners, In: Schwäbischer Merkur, 4. Juni 1919

- Novalis und die Entstehung der romantischen Staatslehre. In: Deutsche Monatshefte, 1 (1919/20) 528-538
- Henry Thode. In: Die Kreuzzeitung, 16. Januar 1921
- Vom Werden des deutschen Gedankens. In: Die Kreuzzeitung 27. März 1921
- Hans Meyer und sein Totentanz. In: Westermanns Monatshefte, 66 (1921/22) 277-282
- Hermann Hendrich und seine Kunst. In: Heimatland, 17 (1921) 1-7
- Die Aussichten der Akademischen Berufe. In: Mitteilungen zur Berufsberatung, Nr. 1 (1921) 1-19; auch in: Hamburger Universitätszeitung 2 (1920) 45-51
- Theorie der Verordnung im französischen und belgischen Verwaltungsrecht. In: Bonner Festgabe für Ernst Zitelmann, München-Leipzig 1923, S. 307-372
- Der Selbstverwaltungsschutz der Verfassungen und die Greifswalder Universitätsgüterverwaltung. In: Curschmann, Holstein, Triepel: Stiftungsvermögen und Selbstverwaltungsrecht der Universität Greifswald 1925
- Zur Auslegung der Altpreußischen Kirchenverfassung. In: Deutsches Pfarrerblatt, 29 (1925) 553-554
- Laiengedanken zur evangelischen Liturgik. In: Die Tägliche Rundschau, 2. August 1925
- Emil Ludwig und Kaiser Wilhelm II. In: Greifswalder Zeitung, 16. Oktober 1925
- Zum Zusammentritt der Preußischen Generalsynode. In: Deutsche Allgemeine Zeitung, 4. Dezember 1925
- Erzbischof Söderblom und die Stockholmer Konferenz. In: Bayreuther Blätter, 48 (1925) 175-179
- Die Pommersche Provinzialsynode. In Preußische Kirchenzeitung, 21 (1925) 222-225
- Zur Auslegung von Art. 128 der Verfassungsurkunde der Altpreußischen Kirche. In: Verhandlungen der Preußischen Generalsynode, 1926 I S. 56-58, 70-73
- Zur evangelisch-kirchlichen Zeitlage. In: Deutsche Allgemeine Zeitung, 13. Januar 1926
- Das Kirchenrechtsstudium der Theologen. In: Preußische Kirchenzeitung, 22 (1926) 73-77, 89-92
- Besprechung von: Josef Kohler, Rechtsphilosophie. In: Archiv für Rechts- und Wirtschaftsphilosophie 16 (1922/23) 224-229
- Literaturbericht über Staatslehre. In: Vergangenheit und Gegenwart, 1926, S. 364-374
- Von Aufgaben und Zielen heutiger Staatsrechtswissenschaft. Zur Tagung der Vereinigung deutscher Staatsrechtslehrer. In: AöR NF. 11 (1926) 1-40
- Über neueres kirchenrechtliches Schrifttum. In: Verwaltungsarchiv, 31 (1926) 487-492
- Eine evangelische Religionsstunde. In: Die Tägliche Rundschau, 17. Juli 1927
- Die beamtenrechtlichen Normen der Reichsverfassung und die Stellung der Geistlichen und Kirchenbeamten. In: AöR NF 13 (1927) 153-208
- Besprechung von E. v. Scheurl, Einführung in das verwaltungsrechtliche Denken. In: AöR NF 13 (1927) 448-450
- Rede vom 25.4.1927, gehalten auf der Generalsynode der Kirche der altpreußischen Union, Thema: Rechts- und Verfassungsleben in der altpreußischen Kirche. In: Preußische Kirchenzeitung, 23 (1927) 152-156, 170-172
- Besprechung von: G. Lenz, Französische Staatslehren. In: Deutsche Literaturzeitung 48 (1927) Sp. 871-875

- Begründung für den vom Verfassungsausschuß der Generalsynode vorgelegten Entwurf einer Konkordatsresolution. In: Das Evangelische Deutschland, 4 (1927) 161-162
- Zur Revision der Lutherbibel (Leitsätze). In: Das Evangelische Deutschland, 4 (1927) 223
- Zum Abschluß der Preußischen Generalsynode. In: Der Tag, 15. Mai 1927
- Die Rechtsgrundlagen des Privatschulwesens. In: Freie Bildung und Erziehung, 10 (1928) 70 ff.
- Können Religionsgesellschaften als Körperschaften des öffentlichen Rechts Unterhaltsträger für private Schulen sein? In: Freie Bildung und Erziehung 10 (1928) 370-379
- Besprechung von R.Smend: Verfassung und Verfassungsrecht. In: Deutsche Literaturzeitung, 49 (1928) Sp. 1367-1376
- Die neue "Furche". In: Preußische Kirchenzeitung, 24 (1928) Sp. 199-200
- Adolf Stoecker als politische Persönlichkeit. In: Preußische Kirchenzeitung, 24 (1928) Sp. 339-342
- Eine Metaphysik des Christentums. Besprechung von Wilhelm Koepp: Panagape, Preußische Kirchenzeitung 24 (1928) 360-365
- Die "politische" Kirche. In: Deutsche Allgemeine Zeitung, 7. Oktober 1928
- Selbstanzeige von: Günther Holstein: Die Grundlagen des evangelischen Kirchenrechts. AöR 56 (1929) 145 ff.
- Besprechung von H. Sasse: Die Weltkirchenkonferenz für Glaube und Kirchenverfassung. In: Preußische Kirchenzeitung, 25 (1929) Sp. 140-141, auch abgedruckt in: AöR 56 (1929) 319
- Geistkirche und Rechtskirche, Vorabdruck aus: Die Grundlagen des evangelischen Kirchenrechts, In: Preußische Kirchenzeitung 24 (1928) S. 145-149, 161-165
- Zur Staatstheorie des Aristoteles. In: Die Tatwelt, 1929, Heft 10/12, S. 147-150
- Art.: Konservative Parteien und Kirche. In: Religion in Geschichte und Gegenwart, Bd. 3, 2. Aufl. Tübingen 1928, Sp. 1222-1225
- Über die Rechtsgrundlagen der Staatsleistungen an die evangelischen Landeskirchen Deutschlands. In: AöR NF 18 (1930) 161-187
- Enteignungsrecht an Friedhöfen? In: Verwaltungsarchiv, 33 (1930) 105-116
- Hochschule und Staat. In: Das akademische Deutschland, Bd. 3, S. 127-142, Berlin 1930
- Geschichtsbücher und Geschichtsunterricht. In: Der Türmer, 32. Jahrg. (1930) Heft 7, S. 47-51
- Theologische Fakultäten und Lehrversprechen (formula responsionis). In: Kieler Festschrift für Max Pappenheim, Breslau 1931, S. 190-197

B. Nachrufe auf Günther Holstein

Akademische Blätter, 45 (1931) Sp. 381

Beyer, Hermann Wolfang, in: Die Wartburg, 30 (1931) 35-41
Buisson, E., in: Ratisbonenzeitung, Nr.64 (1931) S.12-17
Burschenschaftliche Blätter, 45. Jahrgang (1931) 117
Dibelius, Otto, in: Der Tag, 20. Januar 1931
Eger, Karl, in: Preußische Kirchenzeitung, 27 (1931) Sp. 81-83
Frhr. v. d.Goltz, Eduard, in: Preußische Kirchenzeitung, 27 (1931) Sp. 38-41
Frhr. v. Heintze, Heinz Adolf, in: Schleswig-Holsteinische Hochschulblätter, 7 (1931) 59-60

Kähler, Wilhelm, in: Greifswalder Zeitung, 13. Januar 1931
Kantorowicz, Hermann, in: Archiv für Rechts- und Wirtschaftsphilosophie, 24 (1930/31) 451-456
Schönfeld, Walther, in: Logos, 20 (1931) 286-305
- Zeitschrift der Savignystiftung für Rechtsgeschichte, Bd. 51, Kanonistische Abt. XX (1931) 723-727
Smend, Rudolf, in: AöR NF 20 (1931) 1-6
- Preußische Kirchenzeitung, 27 (1931) Sp.33-38
Günther Holstein, Erinnerungsheft, Nachrufe von Greifswalder Kollegen und Schülern, Greifswald 1931, mit Beiträgen von:
- Prof. Dr. Wilhelm Kähler
- Prof. K. Deißner
- Prof. Dr. G. Leibholz
- Prof. W. H. Beyer
- PrivDoz. Dr. H. Herrfahrdt
- Prof. D. Frhr. v. d. Goltz
- cand. theol. H. Greeven
- stud. jur. Keßler
- H. U. v. Mertens
Günther Holstein 22. Mai 1892 - 11. Januar 1931. Hrsg. von Heinrich Rendtorff, Gerhard Kittel, Walther Schönfeld, Stuttgart 1933

C. Zitierte Literatur

Barth, Karl: Ordnung der Gemeinde, Sonderdruck aus: Kirchliche Dogmatik, München 1955
Bergsträsser, Ludwig: Geschichte der Politischen Parteien in Deutschland. 11. Aufl. München 1965
Böckenförde, Ernst-Wolfgang: Der Begriff des Politischen als Schlüssel zum Verständnis Carl Schmitts. In: Ders., Recht, Staat Freiheit. Frankfurt 1991, S. 344-366
- Geschichtliche Entwicklung und Bedeutungswandel der Verfassung. In: Ders., Recht, Staat, Freiheit. Frankfurt 1991, S. 29-52
Bracher, Karl Dietrich: Zeit der Ideologien, Eine Geschichte politischen Denkens im 20.Jahrhundert, Stuttgart 1985
- Demokratie und Ideologie im 20. Jahrhundert, Bonner Akademische Reden 57, Bonn 1982
- Die Auflösung der Weimarer Republik, 5. Aufl. Villingen 1971
Bredt, Johann Victor: Neues evangelisches Kirchenrecht für Preußen, 3 Bde., Berlin 1921-27
v. Campenhausen, Axel Frhr.: Staatskirchenrecht, 2. Aufl., München 1983
Diem, Harald: Luthers Lehre von den Zwei Reichen untersucht von seinem Verständnis der Bergpredigt aus. Ein Beitrag zu dem Problem: "Gesetz und Evangelium", 1938, Beiheft zur Evangelischen Theologie, München 1938
Dombois, Hans: Das Recht der Gnade, Ökumenisches Kirchenrecht Bd.1, Witten 1961
Ehlers, Hermann: Lebensbilder aus der Bekennenden Kirche. Hrsg. von W.Niemöller, Bielefeld 1949
Erdmann, Karl Dietrich: Die Weimarer Republik, in: Gebhardt, Handbuch der deutschen Geschichte, Taschenbuchausgabe Bd. 19, 8. Aufl., Stuttgart 1988

Foerster, Erich: Sohm widerlegt?. Zu Günther Holsteins "Grundlagen des evangelischen Kirchenrechts", Zeitschrift für Kirchengeschichte, 48 NF. 11 (1929) 307-343

Friedrich, Manfred: Der Methoden- und Richtungsstreit AöR 102 (1977) 161 ff.

v. Gierke, Otto: Deutsches Privatrecht, Bd. 1, Leipzig 1895.

Grimm, Dieter:Die deutsche Staatsrechtslehre zwischen 1750 und 1945, in: ders.: Recht und Staat der bürgerlichen Gesellschaft, Frankfurt a. M. 1987; zuerst abgedruckt unter dem Titel Öffentliches Recht II in: Handwörterbuch der deutschen Rechtsgeschichte, Bd. 3, Berlin 1984, Sp. 1198

Grundmann, Siegfried: Das evangelische Kirchenrecht von Rudolph Sohm bis zur Gegenwart, ÖAKR16 (1965) S. 276 ff.; auch in: Siegfried Grundmann, Abhandlungen zum Kirchenrecht, Köln 1969

- Das evangelische Kirchenrecht und die ökumenische Bewegung der Gegenwart. AöR 84 (1959) S. 1 ff.
- Das Gesetz als kirchenrechtliches Problem (Münchner Antrittsvorlesung 1961). ZevKR8 (1961/62) S. 326 ff.; auch in: Siegfried Grundmann, Abhandlungen zum Kirchenrecht, Köln 1969
- Der Lutherische Weltbund. Grundlagen, Herkunft, Aufbau, Köln-Graz 1957
- Sacerdotium - Ministerium - Ecclesia particularis, in: Für Kirche und Recht, Festschrift für Johannes Heckel zum 70. Geburtstag, 1959, S. 144 ff.; auch in: Siegfried Grundmann, Abhandlungen zum Kirchenrecht, Köln 1969
- Der tertius usus legis als Grundlage einer Kirchenrechtstheorie? Zu der Abhandlung von Herbert Wehrhahn "Kirchenrecht und Kirchengewalt". ZevKR 7 (1959/60) S. 385 ff.
- Verfassungsrecht in der Kirche des Evangeliums, ZevKR 11 (1964/65) S. 9 ff.; auch in: Siegfried Grundmann, Abhandlungen zum Kirchenrecht, Köln 1969
- Zur Einführung: Evangelisches Kirchenrecht, JuS 6 (1966) S. 466 ff.; auch in: Siegfried Grundmann, Abhandlungen zum Kirchenrecht, Köln 1969

v. d. Goltz, Eduard: Zur Entstehung der Evangelischen Vereinigung. In: Christentum und Leben. Aus der christlichen Kirche, Bd. 1,Halle 1926

- Die Verfassungsurkunde der evangelischen Kirche der altpreußischen Union, Halle 1925 Häberle, Peter: Verfassungslehre als Kulturwissenschaft, Berlin 1982

Haller, Peter: Der Rechtskampf der Bekennenden Kirche und ihre Juristen, Freiburger rechts- und staatswissenschaftliche Dissertation 1963

Heckel, Johannes: Initia iuris ecclesiastici Protestantium. Sitzungsberichte der Bayerischen Akademie der Wissenschaften, philosophisch-historische Klasse, Jg. 1949, H. 5. München 1950; auch in: Das blinde, undeutliche Wort <Kirche>, Gesammelte Aufsätze,hrsg. v. S. Grundmann, Köln 1964

- Im Irrgarten der Zwei-Reiche-Lehre. Zwei Abhandlungen zum Reichs- und Kirchenbegriff Martin Luthers. Theologische Existenz Heute, hrsg. v. K. G. Steck u. G. Eichenholz, N. F. Nr. 55. München 1957
- Lex charitatis. Eine juristische Untersuchung über das Recht in der Theologie Martin Luthers. Abhandlungen der Bayerischen Akademie der Wissenschaften, philosophisch-historische Klasse, n. F., H.36, 1953. München 1953
- Recht und Gesetz, Kirche und Obrigkeit in Luthers Lehre vor dem Thesenanschlag von 1517. Eine juristische Untersuchung. ZRG. 57, 1937 Kan. Abt. 26, S. 285 ff.

Heller, Hermann: Die Krisis der Staatsrechtslehre, Archiv für Sozialwissenschaft und Sozialpolitik 55 (1926) 300 ff.
Hesse, Konrad: Grundzüge des Verfassungsrechts der Bundesrepublik Deutschland, Aufl. Heidelberg 19
- In memoriam R. Smend, in ZevKR 20 (1975) 337-347; auch abgedruckt in: ders., Ausgewählte Schriften, hrsg. P. Häberle und A. Hollerbach, Heidelberg 1984, S. 573 ff.
- Freie Kirche im demokratischen Gemeinwesen, ZevKR 11 (1964/65) 337 ff.
- Art. Kirche und Staat. In: Evangelisches Staatslexikon, 3. Aufl.1987
Honecker, Martin, Einführung in die theologische Ethik, Berlin 1992
Hollerbach, Alexander: Grundlagen des Staatskirchenrechts. In: Handbuch des Staatsrechts der Bundesrepublik Deutschland, Hrsg. von Josef Isensee und Paul Kirchhoff, Heidelberg 1989
- Verträge zwischen Staat und Kirche, Frankfurt 1965
- Zu Leben und Werk Heinrich Triepels, AöR 91 (1966) S. 417 ff.
Holstein, Horst: Zur Neuordnung der evangelischen Kirche, Göttingen 1937
- Die Bedeutung der Religion im Schulrecht im Zusammenhang von Staat und Kirche, Breslauer Diss., Berlin 1921
Laband, Paul: Das Staatsrecht des Deutschen Reiches, 1. Aufl. 1878, 2. Aufl. 1887
Larenz, Karl: Methodenlehre der Rechtswissenschaft, 3. Aufl., Berlin 1975
Leibholz, Gerhard: In memoriam Rudolf Smend. Göttinger Universitätsreden 60, Göttingen 1976
Leisner, Walter: Grundrechte und Privatrecht, München 1960
Liermann, Hans: Deutsches Evangelisches Kirchenrecht, Stuttgart 1933
Link, Christoph: Die Grundlagen der Kirchenverfassung im lutherischen Konfessionalimsus des 19. Jahrhunderts insbesondere bei Theodosius Harnack, Jus Ecclesiasticum Bd. 3, München 1966
- Staat und Kirchen. In: Deutsche Verwaltungsgeschichte Bd. 4, Das Reich als Republik und in der Zeit des Nationalsozialismus Kap. 9, Hrsg. v. Kurt G. A. Jeserich, Stuttgart 1985, S. 451-473.
Lüttgert, Gottlieb und Koch, Friedrich: Verfassungsurkunde für die Evangelische Kirche der Altpreußischen Union vom 29.9.1922, 2. Aufl., Berlin 1932
Maron, Gottfried (Hrsg.): Evangelisch und Ökumenisch. Beiträge zum 100jährigen Bestehen des Evangelischen Bundes, Göttingen 1986
Mayer, Otto: Deutsches Verwaltungsrecht, 2 Bde., 1. Aufl.1895/96, 2. Aufl. 1914, 3. Aufl. 1924
- Dr. jur. Günther Holstein: Die Lehre von der öffentlich-rechtlichen Eigentumsbeschränkung. Berlin 1921, Besprechung, AöR 42 (1922) 381-384
Mommsen, Wilhlem: Deutsche Parteiprogramme, 3. Aufl. München 1960
Nowak, Kurt: Evangelische Kirche und Weimarer Republik, 2. Aufl., Göttingen 1988
Pannenberg, Wolfhart: Eschatologie, Gott und Schöpfung. In: Ders.: Theologie und Reich Gottes, S. 9 ff., Güthersloh 1971
Rennert, Klaus: Die "geisteswissenschaftliche Richtung" in der Staatsrechtslehre der Weimarer Republik. Untersuchungen zu Erich Kaufmann, Günther Holstein, Rudolf Smend, Schriften zum öffentlichen Recht, Berlin 1987
Rohn, Otto E.: Lutherische und reformierte Kirchenverfassungen im Deutschland der Nachkriegszeit, Jur. Diss. Erlangen 1931
Scholder, Klaus: Die Kirchen und das Dritte Reich, Bd. 1, Frankfurt a.M. 1986

Schmitt, Carl: Hugo Preuss. Sein Staatsbegriff und seine Stellung in der deutschen Staatsrechtslehre, Tübingen 1930

Verfassungslehre, 1. Aufl. 1928, 6. unveränderte Auflage Berlin 1983
- Das Zeitalter der Neutralisierungen und Entpolitisierungen, in: Der Begriff des Politischen, Berlin 1979
- Über die drei Arten rechtswissenschaftlichen Denkens, Hamburg 1934

Schoen, Paul: Das neue Verfassungsrecht der evangelischen Landeskirchen in Preußen, Berlin 1929

Schweitzer, Albert: Geschichte der Leben-Jesu-Forschung, 2. Aufl. 1913

Sohm, Rudolph: Kirchenrecht, Bd. 1, 1892

v. Soden, Hans: Der Deutsche Evangelische Kirchenbund. In: Theologische Rundschau NF. 3 (1931) S. 296 ff.

Sontheimer, Kurt: Antidemokratisches Denken in der Weimarer Republik, 2. Aufl. München 1983

Stahl, Friedrich Julius: Die Philosophie des Rechts, 3. Aufl., Heidelberg 1856, 3 Bde., (unveränderte 5. Aufl. 1878)

Steinmüller, Wilhelm: Evangelische Rechtstheologie. Zweireichelehre, Christokratie, Gnadenrecht, Köln 1968

Stolleis, Michael: Verwaltungswissenschaft und Verwaltungslehre, In: Deutsche Verwaltungsgeschichte Bd. 4, Das Reich als Republik und in der Zeit des Nationalsozialismus Kap. 2, Hrsg. v. Kurt G. A. Jeserich, Stuttgart 1985, S. 77-91.

Thoma, Richard: Grundrechte und Polizeigewalt. In: Verwaltungsrechtliche Abhandlungen, Festgabe für das Preußische OVG, S. 196 ff., Berlin 1925

Thümmel, Otto: Evangelisches Kirchenrecht für Preußen, 2 Bde., Berlin 1931/31

Wehrhahn, Herbert: Kirchenrecht und Kirchengewalt, Studien zur Theorie des Kirchenrechts der Protestanten auf lutherischer Grundlage, Tübingen 1956

Weiß, Johannes: Die Predigt vom Reiche Gottes, 1. Aufl.1892, 2. Aufl.1900, 3. Aufl. Göttingen 1964

Wieacker, Franz: Privatrechtsgeschichte der Neuzeit, 2. Aufl., Göttingen 1967

Wilhelm, Walter: Zur juristischen Methodenlehre im 19. Jahrhundert. Die Herkunft der Methode Paul Labands aus der Privatrechtswissenschaft, Frankfurt a.M. 1958

Wolf, Erik: Recht des Nächsten. Ein rechtstheologischer Entwurf. Frankfurt a.M.: Klostermann 1958; 2. Aufl. 1966 (Philosophische Abhandlungen,XV)
- Ordnung der Liebe. Gottesgebot und Nächstenrecht im Heidelberger Katechismus. Frankfurt a.M.: Klostermann 1963.
- Ordnung der Kirche, Lehr- und Handbuch der Kirche auf ökumenischer Basis, Frankfurt a.M. 1961

Wolf, Ernst: Art. G. Holstein. In: Neue Deutsche Biographie, Bd. 9, S. 552-553, hrsg. v. d. Historischen Kommission bei der bayerischen Akademie der Wissenschaften, Berlin 1953 ff.
- Art. G. Holstein. In: RGG 3 III (1959) Sp. 434 f.

Wolff, Walter: Die Verfassung der Evangelischen Kirche der Altpreußischen Union, Berlin 1925